AF502278

LA MARATRE,

DRAME INTIME EN CINQ ACTES ET HUIT TABLEAUX,

PAR M. DE BALZAC,

REPRÉSENTÉ, POUR LA PREMIÈRE FOIS, A PARIS, SUR LE THÉATRE-HISTORIQUE, LE 25 MAI 1848.

DISTRIBUTION DE LA PIÈCE.

LE GÉNÉRAL COMTE DE GRANDCHAMP....	M. MATIS.
EUGÈNE RAMEL..........................	M. GASPARI.
FERDINAND MARCANDAL..................	M. LACRESSONNIÈRE.
VERNON, docteur..........................	M. DUPUIS.
GODARD....................................	M. BARRÉ.
UN JUGE D'INSTRUCTION................	M. BOILEAU.
FELIX.......................................	M. DÉSIRÉ.
CHAMPAGNE, contremaître................	M. CASTEL.
BAUDRILLON, pharmacien..................	M. BONNET.
NAPOLÉON, fils du Général	M. FRANCISQUE CABOT.
GERTRUDE, femme du comte de Grandchamp...	Mme LACRESSONNIÈRE.
PAULINE, sa fille..........................	Mlle MAILLET.
MARGUERITE...............................	Mlle GEORGES CADETTE.

GENDARMES, UN GREFFIER, LE CLERGÉ.

La scène se passe en 1829, *dans une fabrique de draps, près de Louviers.*

1848

ACTE I.

Le théâtre représente un salon assez orné, il s'y trouve les portraits de l'empereur et de son fils. On y entre par une porte donnant sur un perron à marquise. La porte des appartements de Pauline est à droite du spectateur; celle des appartements du général et de sa femme est à gauche. De chaque côté de la porte du fond, il y a, à gauche, une table, et à droite une armoire façon de Boule.

Une jardinière pleine de fleurs se trouve dans le panneau à glace à côté de l'entrée des appartements de Pauline. En face, est une cheminée avec une riche garniture. Sur le devant du théâtre, il y a deux canapés à droite et à gauche.

Gertrude entre en scène avec des fleurs qu'elle vient de cueillir pendant sa promenade et qu'elle met dans la jardinière.

SCENE I.

GERTRUDE, LE GÉNÉRAL.

GERTRUDE.

Je t'assure, mon ami, qu'il serait imprudent d'attendre plus longtemps pour marier ta fille, elle a vingt-deux ans. Pauline a trop tardé à faire un choix; et, en pareil cas, c'est aux parents à établir leurs enfants... d'ailleurs j'y suis intéressée.

LE GÉNÉRAL.

Et comment ?

GERTRUDE.

La position d'une belle-mère est toujours suspecte. On dit depuis quelque temps dans tout Louviers que c'est moi qui suscite des obstacles au mariage de Pauline.

LE GÉNÉRAL.

Ces sottes langues de petites villes! je voudrais en couper quelques-unes! T'attaquer, toi, Gertrude, qui depuis douze ans es pour Pauline une véritable mère! qui l'as si bien élevée!

GERTRUDE.

Ainsi va le monde! On ne nous pardonne pas de vivre à une si faible distance de la ville, sans y aller. La société nous punit de savoir nous passer d'elle! Crois-tu que notre bonheur ne fasse pas de jaloux? Mais notre docteur...

LE GÉNÉRAL.

Vernon ?...

GERTRUDE.

Oui, Vernon est très-envieux de toi; il enrage de ne pas avoir su inspirer à une femme l'affection que j'ai pour toi. Aussi, prétend-il que je joue la comédie! Depuis douze ans?... comme c'est vraisemblable!

LE GÉNÉRAL.

Une femme ne peut pas être fausse pendant douze ans sans qu'on s'en aperçoive. C'est stupide! Ah! Vernon! lui aussi!

GERTRUDE.

Oh! il plaisante! Ainsi donc, comme je te le disais, tu vas voir Godard. Cela m'étonne qu'il ne soit pas arrivé. C'est un si riche parti que ce serait une folie que de le refuser. Il aime Pauline, et quoi qu'il ait ses défauts, qu'il soit un peu provincial, il peut rendre ta fille heureuse.

LE GÉNÉRAL.

J'ai laissé Pauline entièrement maîtresse de se choisir un mari.

GERTRUDE.

Oh! sois tranquille! Une fille si douce! si bien élevée! si sage!

LE GÉNÉRAL.

Douce! elle a mon caractère, elle est violente.

GERTRUDE.

Elle, violente! Mais, toi, voyons?... ne fais-tu pas tout ce que je veux?

LE GÉNÉRAL.

Tu es un ange, tu ne veux jamais rien qui ne me plaise! A propos, Vernon dîne avec nous après son autopsie.

GERTRUDE.

As-tu besoin de me le dire?

LE GÉNÉRAL.

Je ne t'en parle que pour qu'il trouve à boire les vins qu'il affectionne!

FÉLIX, *entrant.*

M. de Rimonville.

LE GÉNÉRAL.

Faites entrer.

GERTRUDE, *elle fait signe à Félix de ranger la jardinière.*

Je passe chez Pauline pendant que vous causerez affaires, je ne suis pas fâchée de surveiller un peu l'arrangement de sa toilette. Ces jeunes personnes ne savent pas toujours ce qui leur sied le mieux.

LE GÉNÉRAL.

Ce n'est pas faute de dépense! car depuis dix-huit mois sa toilette coûte le double de ce qu'elle coûtait auparavant; après tout, pauvre fille, c'est son seul plaisir.

GERTRUDE.

Comment, son seul plaisir? et celui de vivre en famille comme nous vivons! Si je n'avais pas le bonheur d'être ta femme, je voudrais être ta fille!... Je ne te quitterai jamais, moi! (*Elle fait quelques pas.*) Depuis dix-huit mois, tu dis? c'est singulier!... En effet, elle porte depuis ce temps-là des dentelles, des bijoux, de jolies choses.

LE GÉNÉRAL.

Elle est assez riche pour pouvoir satisfaire ses fantaisies.

GERTRUDE.

Et elle est majeure! (*A part.*) La toilette, c'est la fumée! y aurait-il du feu? (*Elle sort.*)

SCÈNE II.

LE GÉNÉRAL, *seul.*

Quelle perle! après vingt-six campagnes, onze blessures et la mort de l'ange qu'elle a remplacé dans mon cœur ; non, vraiment, le bon Dieu me devait ma Gertrude, ne fût-ce que pour me consoler de la chute et de la mort de l'empereur!

SCÈNE III.

GODARD, LE GÉNÉRAL.

GODARD, *entrant.*

Général!

LE GÉNÉRAL.

Ah! bonjour, Godard! Vous venez sans doute passer la journée avec nous?

GODARD.

Mais peut-être la semaine, général, si vous êtes favorable à la demande que j'ose à peine vous faire.

LE GÉNÉRAL.

Allez votre train! je la connais votre demande... Ma femme est pour vous... Ah! Normand, vous avez attaqué la place par son côté faible.

GODARD.

Général, vous êtes un vieux soldat qui n'aimez pas les phrases, vous allez en toute affaire comme vous alliez au feu...

LE GÉNÉRAL.

Droit, et à fond de train.

GODARD.

Ça me va! car je suis si timide...

LE GÉNÉRAL.

Vous! je vous dois, mon cher, une réparation : je vous prenais pour un homme qui savait trop bien ce qu'il valait.

GODARD.

Pour un avantageux! eh bien! général, je me marie parce que je ne sais pas faire la cour aux femmes.

LE GÉNÉRAL, *à part.*

Pékin! (*Haut.*) Comment, vous voilà grand comme père et mère, et... mais, monsieur Godard, vous n'aurez pas ma fille.

GODARD.

Oh! soyez tranquille! Vous y entendez malice. J'ai du cœur, et beaucoup; seulement, je veux être sûr de ne pas être refusé.

LE GÉNÉRAL.

Vous avez du courage contre les villes ouvertes.

GODARD.

Ce n'est pas cela du tout, mon général. Vous m'intimidez déjà avec vos plaisanteries.

LE GÉNÉRAL.

Allez toujours!

GODARD.

Moi, je n'entends rien aux simagrées des femmes! je ne sais pas plus quand leur non veut dire oui que quand le oui veut dire non; et, lorsque j'aime, je veux être aimé...

LE GÉNÉRAL, *à part.*

Avec ces idées-là, il le sera.

GODARD.

Il y a beaucoup d'hommes qui me ressemblent, et que la petite guerre des façons et des manières ennuie au suprême degré.

LE GÉNÉRAL.

Mais, c'est ce qu'il y a de plus délicieux, c'est la résistance! On a le plaisir de vaincre.

GODARD.

Non, merci! Quand j'ai faim, je ne coquette pas avec ma soupe! J'aime les choses jugées, et fais peu de cas de la procédure, quoique Normand. Je vois dans le monde des gaillards qui s'insinuent auprès des femmes, en leur disant: — « Ah! vous avez là, madame, une jolie robe. — Vous avez un goût parfait. Il n'y a que vous pour savoir vous mettre ainsi. » Et qui de là partent pour aller, aller... Et ils arrivent; ils sont prodigieux, parole d'honneur! Moi, je ne vois pas comment, de ces paroles oiseuses, on parvient à..... Non..... je pataugerais des éternités avant de dire ce que m'inspire la vue d'une jolie femme.

LE GÉNÉRAL.

Ah! ce ne sont pas là les hommes de l'empire.

GODARD.

C'est à cause de cela que je me suis fait hardi! Cette fausse hardiesse, accompagnée de quarante mille livres de rente est acceptée sans protêt, et j'y gagne de pouvoir aller de l'avant. Voilà pourquoi vous m'avez pris pour un homme avantageux. Quand on n'a pas ça d'hypothèques sur de bons herbages de la vallée d'Auge, qu'on possède un joli château tout meublé, car ma femme n'aura que son trousseau à y apporter, elle trouvera même les cachemires et les dentelles de défunt ma mère. Quand on a tout cela, général, on a le moral qu'on veut avoir. Aussi, suis-je M. de Rimonville.

LE GÉNÉRAL.

Non, Godard.

GODARD.

Godard de Rimonville.

LE GÉNÉRAL.

Godard tout court.

GODARD.

Général, cela se tolère.

LE GÉNÉRAL.

Moi! je ne tolère pas qu'un homme, fût-il mon gendre! renie

son père ; le vôtre, fort honnête homme d'ailleurs, menait ses bœufs lui-même, de Caen à Poissy, et s'appelait sur toute la route Godard, le père Godard.

GODARD.

C'était un homme bien distingué.

LE GÉNÉRAL.

Dans son genre... Mais je vois ce que c'est. Comme ses bœufs vous ont donné quarante mille livres de rentes, vous comptez sur d'autres bêtes pour vous faire donner le nom de Rimonville.

GODARD.

Tenez, général ! consultez Mlle Pauline, elle est de son époque, elle. Nous sommes en 1830, sous le règne de Charles X. Elle aimera mieux, en sortant d'un bal, entendre dire : Les gens de Mme de Rimonville, que : Les gens de Mme Godard.

LE GÉNÉRAL.

Oh ! si ces sottises-là plaisent à ma fille, comme c'est de vous qu'on se moquera, ça m'est parfaitement égal, mon cher Godard.

GODARD.

De Rimonville.

LE GÉNÉRAL.

Godard ! Tenez, vous êtes un honnête homme, vous êtes jeune, vous êtes riche, vous dites que vous ne ferez pas la cour aux femmes, que ma fille sera la reine de votre maison..... Eh bien, ayez son agrément, vous aurez le mien ; car, voyez-vous, Pauline n'épousera jamais que l'homme qu'elle aimera, riche ou pauvre... Ah ! il y a une exception, mais elle ne vous concerne pas, j'aimerais mieux aller à son enterrement que de la conduire à la mairie, si son prétendu se trouvait fils, petit-fils, frère, neveu, cousin ou allié d'un des quatre ou cinq misérables qui ont trahi... car mon culte à moi, c'est...

GODARD.

L'empereur... on le sait...

LE GÉNÉRAL.

Dieu, d'abord, puis la France ou l'empereur... c'est tout un pour moi... enfin, ma femme et mes enfants! Qui touche à mes dieux ! devient mon ennemi ; je le tue comme un lièvre, sans remords. Voilà mes idées sur la religion, le pays et la famille. Le catéchisme est court ; mais il est bon. Savez-vous pourquoi en 1816, après leur maudit licenciement de l'armée de la Loire, j'ai pris ma pauvre petite orpheline dans mes bras, et je suis venu, moi, colonel de la jeune garde, blessé à Waterloo, ici, près de Louviers, me faire fabricant de draps?

GODARD.

Pour ne pas servir ceux-ci.

LE GÉNÉRAL.

Pour ne pas mourir comme un assassin sur l'échafaud.

GODARD.

Ah ! bon Dieu !

LE GÉNÉRAL.

Si j'avais rencontré un de ces traîtres, je lui aurais fait son affaire. Encore aujourd'hui, après bientôt quinze ans, tout mon sang bout dans mes veines si, par hasard, je lis leurs noms dans le journal ou si quelqu'un les prononce devant moi. Enfin, si je me trouvais avec l'un d'eux, rien ne m'empêcherait de lui sauter à la gorge, de le déchirer, de l'étouffer...

GODARD.

Vous auriez raison. (*A part.*) Faut dire comme lui.

LE GÉNÉRAL.

Oui, monsieur, je l'étoufferais !... Et si mon gendre tourmentait ma chère enfant, ce serait de même.

GODARD.

Ah !

LE GÉNÉRAL.

Oh ! je ne veux pas qu'il se laisse mener par elle. Un homme doit être le roi dans son ménage, comme moi ici.

GODARD, *à part.*

Pauvre homme! comme il s'abuse !

LE GÉNÉRAL.

Vous dites ?

GODARD.

Je dis, général, que votre menace ne m'effraye pas! Quand on ne se donne qu'une femme à aimer, elle est joliment aimée.

LE GÉNÉRAL.

Très-bien, mon cher Godard. Quant à la dot...

GODARD.

Oh !

LE GÉNÉRAL.

Quant à la dot de ma fille, elle se compose...

GODARD.

Elle se compose...

LE GÉNÉRAL.

De la fortune de sa mère et de la succession de son oncle Boncœur... C'est intact, et je renonce à tous mes droits. Cela fait alors 350,000 francs et un an d'intérêts, car Pauline a vingt-deux ans.

GODARD.

367,500 francs.

LE GÉNÉRAL.

Non.

GODARD.

Comment, non?

LE GÉNÉRAL.

Plus!

GODARD.

Plus?...

LE GÉNÉRAL.

400,000 francs. (*Mouvement de Godard.*) Je donne la différence!..... Mais après moi, vous ne trouverez plus rien..... vous comprenez?

GODARD.

Je ne comprends pas.

LE GÉNÉRAL.

J'adore le petit Napoléon.

GODARD.

Le petit duc de Reichstadt?

LE GÉNÉRAL.

Non, mon fils, qu'ils n'ont voulu baptiser que sous le nom de Léon; mais j'ai écrit là (*il se frappe sur le cœur*) Napoléon!... Donc, j'amasse le plus que je peux pour lui, pour sa mère.

GODARD, *à part.*

Surtout pour sa mère, qui est une fine mouche,

LE GÉNÉRAL.

Dites donc?... si ça ne vous convient pas, il faut le dire.

GODARD, *à part.*

Ça fera des procès. (*Haut.*) Au contraire, je vous y aiderai, général.

LE GÉNÉRAL.

A la bonne heure! voilà pourquoi, mon cher Godard...

GODARD.

De Rimonville.

LE GÉNÉRAL.

Godard, j'aime mieux Godard. Voilà pourquoi, après avoir commandé les grenadiers de la jeune garde, moi, général, comte de Grandchamp, j'habille leurs pousse-cailloux.

GODARD.

C'est très-naturel! Économisez, général, votre veuve ne doit pas rester sans fortune.

LE GÉNÉRAL.

Un ange, Godard.

GODARD.

De Rimonville.

LE GÉNÉRAL.

Godard, un ange à qui vous devez l'éducation de votre future; elle l'a faite à son image. Pauline est une perle, un bijou; ça n'a pas quitté la maison, c'est pur, innocent, comme dans le berceau.

GODARD.

Général, laissez-moi faire un aveu! certes, Mlle Pauline est belle.

LE GÉNÉRAL.

Je le crois bien.

GODARD.

Elle est très-belle; mais il y a beaucoup de belles filles en Normandie, et très-riches, il y en a de plus riches qu'elle... Eh! bien, si vous saviez comme les pères et les mamans de ces héritières me pourchassent!... Enfin, c'en est indécent. Mais ça m'amuse: je vais dans les châteaux, on me distingue...

LE GÉNÉRAL.

Fat!

GODARD.

Oh! ce n'est pas pour moi, allez! Je ne m'abuse pas! c'est pour mes beaux mouchoirs à bœufs non hypothéqués; c'est pour mes économies, et pour mon parti pris de ne jamais dépenser tout mon revenu. Savez-vous ce qui m'a fait rechercher votre alliance entre tant d'autres?

LE GÉNÉRAL.

Non.

GODARD.

Il y a des nobles qui me garantissent l'obtention d'une ordonnance de sa majesté, par laquelle je serais nommé comte de Rimonville et pair de France...

LE GÉNÉRAL.

Vous?

GODARD.

Eh! oui, moi!

LE GÉNÉRAL.

Avez-vous gagné des batailles? Avez-vous sauvé votre pays? l'avez-vous illustré? Ça fait pitié!

GODARD.

Ça fait pit... (*A part.*) Qu'est-ce que je dis donc? (*Haut.*) Nous ne pensons pas de même à ce sujet! Enfin, savez-vous pourquoi j'ai préféré votre adorable Pauline?

LE GÉNÉRAL.

Sacrebleu! parce que vous l'aimiez...

GODARD.

Oh! naturellement; mais c'est aussi à cause de l'union, du calme, du bonheur qui règnent ici! C'est si séduisant d'entrer dans une famille honnête, de mœurs pures, simples, patriarcales! Je suis observateur.

LE GÉNÉRAL.

C'est-à-dire curieux...

GODARD.

La curiosité, général, est la mère de l'observation. Je connais l'envers et l'endroit de tout le département.

LE GÉNÉRAL.

Eh bien ?

GODARD.

Eh bien ! dans toutes les familles dont je vous parlais, j'ai vu de vilains côtés. Le public aperçoit un extérieur décent, d'excellentes, d'irréprochables mères de famille, des jeunes personnes charmantes, de bons pères, des oncles modèles : on leur donnerait le bon Dieu sans confession, on leur confierait des fonds... Pénétrez là-dedans, c'est à épouvanter un juge d'instruction.

LE GÉNÉRAL.

Ah ! vous voyez le monde ainsi ? Moi, je conserve les illusions avec lesquelles j'ai vécu. Fouiller ainsi dans les consciences, ça regarde les prêtres et les magistrats ; je n'aime pas ces robes noires, et j'espère mourir sans les avoir jamais vues ! Mais Godard, le sentiment qui nous vaut votre préférence me flatte plus que votre fortune... Touchez-là, vous avez mon estime, et je ne la prodigue pas.

GODARD.

Général, merci (*A part.*) Empaumé, le beau-père !

SCENE IV.

LES MÊMES, PAULINE, GERTRUDE.

LE GÉNÉRAL, *apercevant Pauline.*

Ah ! te voilà, petite ?

GERTRUDE.

N'est-ce pas qu'elle est jolie ?

GODARD.

Mad...

GERTRUDE.

Oh ! pardon, monsieur, je ne voyais que mon ouvrage.

GODARD.

Mademoiselle est éblouissante.

GERTRUDE.

Nous avons du monde à dîner, et je ne suis pas belle-mère du tout ; j'aime à la parer, car c'est une fille pour moi.

GODARD, *à part.*

On m'attendait !

GERTRUDE.

Je vais vous laisser avec elle... faites votre déclaration. (*Au Général*). Mon ami, allons au perron voir si notre cher docteur arrive.

LE GÉNÉRAL.

Je suis tout à toi, comme toujours. (*A Pauline.*) Adieu, mon bijou. (*A Godard.*) Au revoir. (*Gertrude et le Général vont au perron; mais Gertrude surveille Godard et Pauline. Ferdinand va pour sortir de la chambre de Pauline; sur un signe de cette dernière, il y rentre précipitamment.*)

GODARD, *sur le devant de la scène.*

Voyons, que dois-je lui dire de fin? de délicat? Ah! j'y suis! Nous avons une bien belle journée, aujourd'hui, mademoiselle.

PAULINE.

Bien belle, en effet, monsieur.

GODARD.

Mademoiselle?

PAULINE.

Monsieur?

GODARD.

Il dépend de vous de la rendre encore plus belle pour moi.

PAULINE.

Comment?

GODARD.

Vous ne comprenez pas? Madame de Grandchamp, votre belle-mère, ne vous a-t-elle donc rien dit à mon sujet?

PAULINE.

En m'habillant, tout à l'heure, elle m'a dit de vous un bien infini!

GODARD.

Et pensez-vous de moi quelque peu de ce bien qu'elle a eu la bonté de...

PAULINE.

Oh! tout, monsieur!

GODARD, *à part. Il se place dans un fauteuil auprès d'elle.*

Cela va trop bien. (*Haut.*) Aurait-elle commis l'heureuse indiscrétion de vous dire que je vous aime tellement, que je voudrais vous voir la châtelaine de Rimonville?

PAULINE.

Elle m'a fait entendre vaguement que vous veniez ici dans une intention qui m'honore infiniment.

GODARD, *à genoux.*

Je vous aime, mademoiselle, comme un fou; je vous préfère à Mlle de Bondeville, à Mlle de Clairville, à Mlle de Verville, à Mlle de Pont-de-Ville... à...

PAULINE.

Oh! assez, monsieur! je suis confuse de tant de preuves d'un amour encore bien récent pour moi! C'est presque une hécatombe.

(*Godard se lève.*) Monsieur votre père se contentait de conduire les victimes; mais vous, vous les immolez.

GODARD, *à part.*

Aie, aie! elle me persiffle, je crois... Attends, attends!

PAULINE.

Il faudrait au moins attendre; et, je vous l'avouerai...

GODARD.

Vous ne voulez pas vous marier encore... Vous êtes heureuse auprès de vos parents, et vous ne voulez pas quitter votre père.

PAULINE.

C'est cela précisément.

GODARD.

En pareil cas, il y a des mamans qui disent aussi que leur fille est trop jeune; mais comme monsieur votre père vous donne vingt-deux ans, j'ai cru que vous pouviez avoir le désir de vous établir.

PAULINE.

Monsieur!

GODARD.

Vous êtes, je le sais, l'arbitre de votre destinée et de la mienne; mais fort des vœux de votre père et de votre seconde mère, qui vous supposent le cœur libre, me permettrez-vous l'espérance?

PAULINE.

Monsieur, la pensée que vous avez eue de me rechercher, quelque flatteuse qu'elle soit pour moi, ne vous donne pas un droit d'inquisition plus qu'inconvenant.

GODARD, *à part.*

Aurais-je un rival?... (*Haut.*) Personne, mademoiselle, ne renonce au bonheur sans combattre.

PAULINE.

Encore?.... Je vais me retirer, monsieur.

GODARD.

De grâce, mademoiselle. (*A part.*) Voilà pour ta raillerie.

PAULINE.

Eh! monsieur, vous êtes riche, et personnellement si bien traité par la nature; vous êtes si bien élevé, si spirituel, que vous trouverez facilement une jeune personne et plus riche et plus belle que moi.

GODARD.

Mais quand on aime?

PAULINE.

Eh! bien, monsieur, c'est cela même.

GODARD, *à part.*

Ah! elle aime quelqu'un... je vais rester pour savoir qui.

(*Haut.*) Mademoiselle, dans l'intérêt de mon amour-propre, me permettez-vous au moins de demeurer ici quelques jours ?

PAULINE.

Mon père, monsieur, vous répondra.

GERTRUDE, *à Godard.*

Eh ! bien ?

GODARD.

Refusé net, durement et sans espoir ; elle a le cœur pris ?

GERTRUDE.

Elle ? une enfant que j'ai élevée, je le saurais; et d'ailleurs, personne ne vient ici... (*A part.*) Ce garçon vient de me donner des soupçons qui sont entrés comme des coups de poignard dans mon cœur... (*A Godard.*) Demandez-lui donc...

GODARD.

Ah! bien, lui demander quelque chose?..... Elle s'est cabrée au premier mot de jalousie.

GERTRUDE.

Eh bien ! je la questionnerai, moi !...

LE GÉNÉRAL.

Ah! voilà le docteur!... nous allons savoir la vérité sur la mort de la femme à Champagne.

SCENE V.

Les Mêmes, LE DOCTEUR VERNON.

LE GÉNÉRAL.

Eh ! bien?

VERNON.

J'en étais sûr, mesdames. (*Il les salue.*) Règle générale, quand un homme bat sa femme, il se garde bien de l'empoisonner, il y perdrait trop. On tient à sa victime.

LE GÉNÉRAL, *à Godard.*

Il est charmant!

GODARD.

Il est charmant !

LE GÉNÉRAL, *au docteur, en lui présentant Godard.*

Monsieur Godard.

GODARD.

De Rimonville.

VERNON, *le regarde et se mouche. Continuant.*

S'il la tue, c'est par erreur, pour avoir tapé trop fort; et il est au désespoir ; tandis que Champagne est assez naïvement enchanté d'être naturellement veuf. En effet, sa femme est morte du choléra. C'est un cas assez rare, mais qui se voit quelquefois, du choléra asiatique et je suis bien aise de l'avoir observé ; car, depuis la campagne d'Égypte, je ne l'avais plus vu... Si l'on m'avait appelé, je l'aurais sauvée.

GERTRUDE.

Ah! quel bonheur!... Un crime dans notre établissement si paisible, depuis douze ans, cela m'aurait glacée d'effroi.

LE GÉNÉRAL.

Voilà l'effet des bavardages. Mais es-tu bien certain, Vernon?

VERNON.

Certain! Belle question à faire à un ancien chirurgien en chef qui a traité douze armées françaises de 1793 à 1815, qui a pratiqué en Allemagne, en Espagne, en Italie, en Russie, en Pologne, en Égypte, à un médecin cosmopolite!

LE GÉNÉRAL, *il lui frappe le ventre.*

Charlatan, va!... il a tué plus de monde que moi, dans tous ces pays-là!

GODARD.

Ah! ça, mais, qu'est-ce qu'on disait donc?

GERTRUDE.

Que ce pauvre Champagne, notre contre-maître, avait empoisonné sa femme.

VERNON.

Malheureusement, ils avaient eu la veille une conversation où ils s'étaient trouvés manche à manche... Ah! ils ne prenaient pas exemple sur leurs maîtres.

GODARD.

Un pareil bonheur devrait être contagieux; mais les perfections que madame la comtesse nous fait admirer sont si rares.

GERTRUDE.

A-t-on du mérite à aimer un être excellent et une fille comme celle-là?...

LE GÉNÉRAL.

Allons, Gertrude, tais-toi!... cela ne se dit pas devant le monde.

VERNON, *à part.*

Cela se dit toujours ainsi quand on a besoin que le monde le croie.

LE GÉNÉRAL, *à Vernon.*

Que grommèles-tu là?

VERNON.

Je dis que j'ai soixante-sept ans, que je suis votre cadet, et que je voudrais être aimé comme cela... (*A part.*) Pour être sûr que c'est de l'amour.

LE GÉNÉRAL, *au docteur.*

Envieux! (*A sa femme.*) Ma chère enfant, je n'ai pas pour te bénir la puissance de Dieu, mais je crois qu'il me la prête pour t'aimer.

VERNON.

Vous oubliez que je suis médecin, mon cher ami ; c'est bon pour un refrain de romance, ce que vous dites à madame.

GERTRUDE.

Il y a des refrains de romance, docteur, qui sont très-vrais.

LE GÉNÉRAL.

Docteur, si tu continues à taquiner ma femme, nous nous brouillerons : un doute sur ce chapitre est une insulte.

VERNON.

Je n'ai pas de doute, aucun. (*Au Général.*) Seulement, vous avez aimé tant de femmes avec la puissance de Dieu, que je suis en extase, comme médecin, de vous voir toujours si bon chrétien, à soixante-dix ans. (*Gertrude se dirige doucement vers le canapé où est assis le docteur.*)

LE GÉNÉRAL.

Chut ! les dernières passions, mon ami, sont les plus puissantes.

VERNON.

Vous avez raison. Dans la jeunesse, nous aimons avec toutes nos forces qui vont en diminuant, tandis que dans la vieillesse nous aimons avec notre faiblesse qui va, qui va grandissant.

LE GÉNÉRAL.

Méchant philosophe !

GERTRUDE, *à Vernon.*

Docteur, pourquoi, vous, si bon, essayez-vous de jeter des doutes dans le cœur de Grandchamp ?... Vous savez qu'il est d'une jalousie à tuer sur un soupçon. Je respecte tellement ce sentiment, que j'ai fini par ne plus voir que vous, monsieur le maire et monsieur le curé. Voulez-vous que je renonce encore à votre société, qui nous est si douce, si agréable ?..... Ah ! voilà Napoléon.

VERNON, *à part.*

Une déclaration de guerre !... Elle a renvoyé tout le monde, elle me renverra.

GODARD.

Docteur, vous, qui êtes presque de la maison, dites-moi donc ce que vous pensez de mademoiselle Pauline. (*Le Docteur se lève le regarde, se mouche et gagne le fond. On entend sonner pour le dîner.*)

SCÈNE VI.

LES MÊMES, NAPOLÉON, FÉLIX.

NAPOLÉON, *accourant.*

Papa, papa, n'est-ce pas que tu m'a permis de monter Coco ?

LE GÉNÉRAL.

Certainement.

NAPOLÉON, *à Félix.*

Ah ! vois-tu ?

GERTRUDE, *elle essuie le front de son fils.*

A-t-il chaud !

LE GÉNÉRAL.

Mais à condition que quelqu'un t'accompagnera.

FÉLIX.

Eh ! bien, j'avais raison, monsieur Napoléon. Mon général, le petit coquin voulait aller sur le poney, tout seul par la campagne.

NAPOLÉON.

Il a peur pour moi ! Est-ce que j'ai peur de quelque chose, moi ? (*Félix sort. On sonne pour le dîner.*)

LE GÉNÉRAL.

Viens que je t'embrasse pour ce mot-là... Voilà un petit milicien qui tient de la jeune garde.

LE DOCTEUR, *en regardant Gertrude.*

Il tient de son père !

GERTRUDE, *vivement.*

Au moral, c'est tout son portrait ; car, au physique, il me ressemble.

FÉLIX.

Madame est servie.

GERTRUDE.

Eh ! bien, où donc est Ferdinand ?... il est toujours si exact... Tiens, Napoléon, va voir dans l'allée de la fabrique s'il vient, et cours lui dire qu'on a sonné.

LE GÉNÉRAL.

Mais nous n'avons pas besoin d'attendre Ferdinand. Godard, donnez le bras à Pauline. (*Vernon veut offrir le bras à Gertrude.*) Eh ! eh ! permets, Vernon ?... Tu sais bien que personne que moi ne prend le bras de ma femme.

VERNON, *à lui-même.*

Décidément, il est incurable.

NAPOLÉON.

Ferdinand, je l'ai vu là-bas dans la grande avenue.

VERNON.

Donne-moi la main, tyran ?

NAPOLÉON.

Tiens, tyran !... c'est moi qui va te tirer, et joliment. (*Il fait tourner Vernon.*)

SCÈNE VII.

FERDINAND. *Il sort avec précaution de chez Pauline.*

Le petit m'a sauvé, mais je ne sais pas par quel hasard il m'a vu dans l'avenue ! Encore une imprudence de ce genre, et nous sommes perdus !... Il faut sortir de cette situation à tout prix.... Voici Pauline demandée en mariage.... elle a refusé Godard. Le général, et Gertude surtout, vont vouloir connaître les motifs de ce refus ! Voyons, gagnons le perron, pour avoir l'air de venir de la grande allée, comme l'a dit Léon. — Pourvu que personne ne me voie de la salle à manger... (*Il rencontre Ramel.*) Eugène Ramel !

SCENE VIII.

FERDINAND, RAMEL.

RAMEL.

Toi ici, Marcandal !

FERDINAND.

Chut ! ne prononce plus jamais ici ce nom-là ! Si le général m'entendait appeler Marcandal, s'il apprenait que c'est mon nom, il me tuerait à l'instant comme un chien enragé.

RAMEL.

Et pourquoi ?

FERDINAND.

Parce que je suis le fils du général Marcandal.

RAMEL.

Un général à qui les Bourbons ont, en partie, dû leur second retour.

FERDINAND.

Aux yeux du général Grandchamp, avoir quitté Napoléon pour les Bourbons, c'est avoir trahi la France. Hélas ! mon père lui a donné raison, car il est mort de chagrin. Ainsi, songe bien à ne m'appeler que Ferdinand Charny, du nom de ma mère.

RAMEL.

Et que fais-tu donc ici ?

FERDINAND.

J'y suis le directeur, le caissier, le maître Jacques de la fabrique.

RAMEL.

Comment ? par nécessité ?

FERDINAND.

Par nécessité ! Mon père a tout dissipé, même la fortune de ma pauvre mère, qui vit de sa pension de veuve d'un lieutenant-général en Bretagne.

RAMEL.

Comment ! ton père, commandant la garde royale, dans une position si brillante, est mort sans te rien laisser, pas même une protection ?

FERDINAND.

A-t-on jamais trahi, changé de parti, sans des raisons...

RAMEL.

Voyons, voyons, ne parlons plus de cela.

FERDINAND.

Mon père était joueur... voilà pourquoi il eut tant d'indulgence pour mes folies... Mais toi, qui t'amène ici?

RAMEL.

Depuis quinze jours je suis procureur du roi à Louviers.

FERDINAND.

On m'avait dit... j'ai lu même un autre nom.

RAMEL.

De la Grandière.

FERDINAND.

C'est cela.

RAMEL.

Pour pouvoir épouser mademoiselle de Boudeville, j'ai obtenu la permission de prendre, comme toi, le nom de ma mère. La famille Boudeville me protége, et, dans un an, je serai, sans doute, avocat-général à Rouen... un marche-pied pour aller à Paris.

FERDINAND.

Et pourquoi viens-tu dans notre paisible fabrique?

RAMEL.

Pour une instruction criminelle, une affaire d'empoisonnement. C'est un beau début. (*Entre Félix.*)

FÉLIX.

Ah! monsieur, madame est d'une inquiétude...

FERDINAND.

Dis que je suis en affaire. (*Félix sort.*) Mon cher Eugène, dans le cas où le général, qui est très-curieux, comme tous les vieux troupiers désœuvrés, te demanderait comment nous nous sommes rencontrés, n'oublie pas de dire que nous sommes venus par la grande avenue... C'est capital pour moi... Revenons à ton affaire. C'est pour la femme à Champagne, notre contre-maître, que tu es venu ici; mais il est innocent comme l'enfant qui naît!

RAMEL.

Tu crois cela, toi? La justice est payée pour être incrédule. Je vois que tu es resté ce que je t'ai laissé, le plus noble, le plus enthousiaste garçon du monde, un poëte enfin! un poëte qui met la poésie dans sa vie au lieu de l'écrire, croyant au bien, au beau! Ah çà! et l'ange de tes rêves, et ta Gertrude, qu'est-elle devenue?

FERDINAND.

Chut! ce n'est pas seulement le ministre de la justice, c'est un peu le ciel qui t'a envoyé à Louviers; car j'avais besoin d'un ami dans la crise affreuse où tu me trouves. Ecoute, Eugène, viens ici? C'est à mon ami de collége, c'est au confident de ma jennesse que je vais m'adresser: tu ne seras jamais un procureur du roi pour moi, n'est-ce pas? Tu vas voir par la nature de mes aveux qu'ils exigent le secret du confesseur.

RAMEL.

Y aurait-il quelque chose de criminel.

FERDINAND.

Allons donc! tout au plus des délits que les juges voudraient avoir commis.

RAMEL.

C'est que je ne t'écouterais pas; ou, si je t'écoutais...

FERDINAND.

Eh! bien?

RAMEL.

Je demanderais mon changement.

FERDINAND.

Allons, tu es toujours mon bon, mon meilleur ami... Eh! bien, depuis trois ans, j'aime tellement mademoiselle Pauline de Grandchamp, et elle...

RAMEL.

N'achève pas, je comprends. Vous recommencez Roméo et Juliette... en pleine Normandie.

FERDINAND.

Avec cette différence que la haine héréditaire, qui séparait ces deux amants, n'est qu'une bagatelle en comparaison de l'horreur de monsieur de Grandchamp, pour le fils du traître Marcandal!

RAMEL.

Mais voyons! mademoiselle Pauline de Grandchamp sera libre dans trois ans; elle est riche de son chef; (je sais cela par les Boudeville); vous vous en irez en Suisse pendant le temps nécessaire à calmer la colère du général; et vous lui ferez, s'il le faut, les sommations respectueuses.

FERDINAND.

Te consulterais-je, s'il ne s'agissait que de ce vulgaire et facile dénouement?.

RAMEL.

Ah! j'y suis! mon ami. Tu as épousé ta Gertrude... ton ange... qui s'est comme tous les anges métamorphosée en... femme légitime.

FERDINAND.

Cent fois pis! Gertrude, mon cher, c'est... madame de Grandchamp.

RAMEL.

Ah ça! comment t'es-tu fourré dans un pareil guêpier?

FERDINAND.

Comme on se fourre dans tous les guêpiers, en croyant y trouver du miel.

RAMEL.

Oh! oh! ceci devient très-grave! alors ne me cache plus rien.

FERDINAND.

Mademoiselle Gertrude de Meilhac, élevée à Saint-Denis, m'a sans doute aimé d'abord par ambition; très-aise de me savoir riche, elle a tout fait pour m'attacher de manière à devenir ma femme.

RAMEL.

C'est le jeu de toutes les orphelines intrigantes.

FERDINAND.

Mais, comment Gertrude a fini par m'aimer?... c'est ce qui ne se peut exprimer que par les effets mêmes de cette passion, que dis-je passion? c'est chez elle ce premier, ce seul et unique amour qui domine toute la vie et qui la dévore. Quand elle m'a vu ruiné vers la fin de 1816, elle qui me savait, comme toi, poëte, aimant le luxe et les arts, la vie molle et heureuse, enfant gâté pour tout dire, a conçu, sans me le communiquer d'ailleurs, un de ces plans infâmes et sublimes, comme tout ce que d'ardentes passions contrariées inspirent aux femmes, qui, dans l'intérêt de leur amour, font tout ce que font les despotes dans l'intérêt de leur pouvoir; pour elles, la loi suprême, c'est leur amour...

RAMEL.

Les faits, mon cher?... Tu plaides, et je suis procureur du roi.

FERDINAND.

Pendant que j'établissais ma mère en Bretagne, Gertrude a rencontré le général Grandchamp, qui cherchait une institutrice pour sa fille. Elle n'a vu dans ce vieux soldat blessé grièvement, alors âgé de cinquante-huit ans, qu'un coffre-fort. Elle s'est imaginé être promptement veuve, riche en peu de temps, et pouvoir reprendre et son amour et son esclave. Elle s'est dit que ce mariage serait comme un mauvais rêve, promptement suivi d'un beau réveil. Et voilà douze ans que dure le rêve! mais tu sais comme raisonnent les femmes.

RAMEL.

Elles ont une jurisprudence à elles.

FERDINAND.

Gertrude est d'une jalousie féroce. Elle veut être payée par la fidélité de l'amant de l'infidélité qu'elle fait au mari, et comme elle souffrait, disait-elle, le martyre, elle a voulu...

RAMEL.

T'avoir sous son toit pour te garder elle-même.

FERDINAND.

Elle a réussi, mon cher, à m'y faire venir. J'habite, depuis environ trois ans, une petite maison près de la fabrique. Si je ne suis pas parti la première semaine, c'est que, le second jour de mon arrivée, j'ai senti que je ne pourrais jamais vivre sans Pauline.

RAMEL.

Grâce à cet amour, ta position ici me semble, à moi magistrat, un peu moins laide que je ne le croyais.

FERDINAND.

Ma position? mais elle est intolérable à cause des trois caractères au milieu desquels je me trouve pris : Pauline est hardie, comme le sont les jeunes personnes très-innocentes dont l'amour est tout idéal et qui ne voient de mal à rien, dès qu'il s'agit d'un homme de qui elles font leur mari. La pénétration de Gertrude est extrême, nous y échappons par la terreur que cause à Pauline le péril où nous plongerait la découverte de mon nom, ce qui lui donne la force de dissimuler! Mais, Pauline vient à l'instant de refuser Godard.

RAMEL.

Godard, je le connais... C'est, sous un air bête, l'homme le plus fin, le plus curieux de tout le département, et il est ici?

FERDINAND.

Il y dîne.

RAMEL.

Méfie-toi de lui.

FERDINAND.

Bien! Si ces deux femmes, qui ne s'aiment déjà guère, venaient à découvrir qu'elles sont rivales, l'une peut tuer l'autre, je ne sais laquelle; l'une forte de son innocence, de sa passion légitime; l'autre furieuse de voir se perdre le fruit de tant de dissimulation, de sacrifices, de crimes mêmes...

RAMEL. (*Napoléon entre.*)

Tu m'effrayes! moi, procureur du roi! Non, parole d'honneur, les femmes coûtent souvent plus qu'elles ne valent.

NAPOLÉON.

Bon ami! papa et maman s'impatientent après toi; ils disent qu'il faut laisser les affaires, et Vernon a parlé d'estomac.

FERDINAND.

Petit drôle, tu es venu m'écouter.

NAPOLÉON.

Maman m'a dit à l'oreille: Va donc voir ce qu'il fait, ton bon ami.

FERDINAND.

Va, petit démon! va, je te suis! (*A Ramel.*) Tu vois, elle fait de cet enfant un espion innocent. (*Napoléon sort.*)

RAMEL.

C'est l'enfant du général?

FERDINAND.

Oui.

RAMEL.

Il a douze ans ?

FERDINAND.

Oui.

RAMEL.

Voyons?... Tu dois avoir quelque chose de plus à me dire.

FERDINAND.

Allons, je t'en ai dit assez.

RAMEL.

Eh bien! va dîner... Ne parle pas de mon arrivée, ni de ma qualité. Laissons-les dîner tranquillement. Va mon ami, va.

SCENE IX.

RAMEL, *seul.*

Pauvre garçon. Si tous les jeunes gens avaient étudié les causes que j'ai observées en sept ans de magistrature, ils seraient convaincus de la nécessité d'accepter le mariage comme le seul roman possible de la vie... Mais si la passion était sage, ce serait la vertu.

ACTE II.

SCENE I.

RAMEL, MARGUERITE, *puis* FÉLIX.

(*Ramel est abîmé dans ses réflexions et plongé dans le canapé de manière à ne pas être vu d'abord. Marguerite apporte des flambeaux et des cartes. Dans l'entr'acte la nuit est venue.*

MARGUERITE.

Quatre jeux de cartes, c'est assez, quand même M. le curé, le maire et l'adjoint viendraient. (*Félix vient allumer les bougies des candélabres.*) Je parierais bien que ma pauvre Pauline ne se mariera pas encore cette fois-ci. Chère enfant!... si défunt sa mère la voyait ne pas être ici la reine de la maison, elle en pleurerait dans son cercueil! Moi, si je reste, c'est bien pour la consoler, la servir.

FÉLIX, *à part.*

Qu'est-ce qu'elle chante la vieille... (*Haut.*) A qui donc en voulez-vous, Marguerite, je gage que c'est à madame.

MARGUERITE.

Non, c'est à Monsieur que j'en veux.

FÉLIX.

A mon général? allez votre train alors, c'est un saint cet homme là.

MARGUERITE.

Un saint de pierre, car il est aveugle.

FÉLIX.

Dites donc aveuglé.

MARGUERITE.

Ah! vous avez bien trouvé cela, vous.

FÉLIX.

Le général n'a qu'un défaut... il est jaloux.

MARGUERITE.

Et emporté donc!

FÉLIX.

Et emporté, c'est la même chose. Dès qu'il a un soupçon, il bûche. Et ça lui a fait tuer deux hommes, là, raide sur le coup... Nom d'un petit bonhomme, avec un troupier de ce caractère-là, faut... quoi... l'étouffer de cajoleries... et madame l'étouffe... ce n'est pas plus fin que cela! Et alors avec ses manières elle lui a mis, comme aux chevaux ombrageux, des œillères: il ne peut voir ni à droite ni à gauche, et elle lui dit: «Mon ami regarde devant toi!» Voilà.

MARGUERITE.

Ah vous pensez comme moi qu'une femme de trente-deux ans n'aime un homme de soixante-dix ans qu'avec une idée... Elle a un plan.

RAMEL, *à part.*

Oh! les domestiques? des espions qu'on paye.

FÉLIX.

Quel plan? elle ne sort pas d'ici, elle ne voit personne.

MARGUERITE.

Elle tondrait sur un œuf! elle m'a retiré les clefs, à moi qui avais la confiance de défunt madame; savez-vous pourquoi?

FÉLIX.

Tiens! parbleu, elle fait sa pelote.

MARGUERITE

Oui! depuis douze ans avec les revenus de mademoiselle et les bénéfices de la fabrique. Voilà pourquoi elle retarde l'établissement de ma chère enfant tant qu'elle peut, car faut donner le bien en la mariant.

FÉLIX.

C'est la loi.

MARGUERITE.

Moi, je lui pardonnerais tout, si elle rendait mademoiselle heureuse; mais je surprends ma pauvre Pauline à pleurer, je lui demande ce qu'elle a: — «Rien qu'a dit, rien, ma bonne Marguerite!» (*Félix sort.*) Voyons, ai-je tout fait? Oui, voilà la table de jeu.... les bougies, les cartes... ah! le canapé. (*Elle aperçoit Ramel.*) Dieu de Dieu! un étranger!

RAMEL.

Ne vous effrayez pas, Marguerite.

MARGUERITE.

Monsieur a tout entendu.

RAMEL.

Soyez tranquille, je suis discret par état, je suis le procureur du Roi.

GERTRUDE.

Oh!

SCÈNE II.

LES PRÉCÉDENTS, PAULINE, GODARD, VERNON, NAPOLÉON, FERDINAND, M. et Mme de GRANDCHAMP. (*Gertrude se précipite sur Marguerite et lui arrache le coussin des mains.*)

GERTRUDE.

Marguerite, vous savez bien que c'est me causer de la peine que de ne pas me laisser faire tout ce qui regarde monsieur; d'ailleurs, il n'y a que moi qui sache les lui bien arranger, ses coussins.

MARGUERITE, *à Pauline.*

Quelles giries!

GODARD.

Tiens, tiens, M. le Procureur du Roi.

LE GÉNÉRAL.

Le procureur du roi chez moi.

GERTRUDE.

Lui.

LE GÉNÉRAL, *à Ramel.*

Monsieur, par quelle raison?

RAMEL.

J'avais prié mon ami... M. Ferdinand Mar... (*Ferdinand fait un geste, Gertrude et Pauline laissent échapper un mouvement.*)

GERTRUDE, *à part.*

C'est son ami, Eugène Ramel.

RAMEL.

Ferdinand de Charni à qui j'ai dit le sujet de mon arrivée, de le cacher pour vous laisser dîner tranquillement.

LE GÉNÉRAL.

Ferdinand est votre ami.

RAMEL.

Mon ami d'enfance, et nous nous sommes rencontrés dans votre avenue. Après onze ans, on a tant de choses à dire quand on se revoit, que je suis la cause de son retard.

LE GÉNÉRAL.

Mais, monsieur, à quoi dois-je votre présence ici?

RAMEL.

A Jean Nicot, dit Champagne, votre contre-maître inculpé d'un crime.

GERTRUDE.

Mais, monsieur, notre ami, le docteur Vernon, a reconnu que la femme à Champagne était morte naturellement.

VERNON.

Oui, oui, du choléra, monsieur le procureur du roi.

RAMEL.

La justice, monsieur, ne croit qu'à ses expertises et à ses convictions... Vous avez eu tort de procéder avant nous.

FÉLIX.

Madame, faut-il servir le café ?

GERTRUDE.

Attendez ! (*A part.*) Comme il est changé ! Cet homme, devenu procureur du roi, n'est pas reconnaissable... Il me glace.

LE GÉNÉRAL.

Mais, monsieur, comment le prétendu crime de Champagne, un vieux soldat que je cautionnerais, peut-il vous amener ici ?

RAMEL.

Dès que le juge d'instruction sera venu, vous le saurez.

LE GÉNÉRAL.

Prenez la peine de vous asseoir.

FERDINAND, *à Ramel en montrant Pauline.*

Tiens ! la voilà.

RAMEL.

On peut se faire tuer pour une si adorable fille !

GERTRUDE, *à Ramel.*

Nous ne nous connaissons pas ! vous ne m'avez jamais vu... Ayez pitié de moi, de lui...

RAMEL.

Comptez sur moi.

LE GÉNÉRAL, *qui a vu Ramel et Gertrude causant.*

Ma femme est-elle donc nécessaire à cette instruction ?

RAMEL.

Précisément, général ! C'est pour que madame ne fût pas avertie de ce que nous avons à lui demander, que je suis venu moi-même.

LE GÉNÉRAL.

Ma femme mêlée à ceci... C'est abuser...

VERNON.

Du calme, mon ami.

FÉLIX.

Monsieur le juge d'instruction.

LE GÉNÉRAL.

Faites entrer.

SCENE III.

LES MÊMES, LE JUGE D'INSTRUCTION, CHAMPAGNE, BAUDRILLON,

LE JUGE D'INSTRUCTION *salue.*

Monsieur le procureur du roi, voici monsieur Baudrillon le pharmacien.

RAMEL.

Monsieur Baudrillon n'a pas vu l'inculpé?

LE JUGE.

Non, il arrive, et le gendarme qui l'est allé chercher ne l'a pas quitté.

RAMEL.

Nous allons savoir la vérité ! faites approcher monsieur Baudrillon et l'inculpé.

LE JUGE.

Approchez monsieur Baudrillon, (*à Champagne*) et vous aussi.

RAMEL.

Monsieur Baudrillon, reconnaissez-vous cet homme pour celui qui vous aurait acheté de l'arsenic, il y a deux jours?

BAUDRILLON.

C'est bien lui !

CHAMPAGNE.

N'est-ce pas, monsieur Baudrillon, que je vous ai dit que c'était pour les souris qui mangeaient tout, jusque dans la maison, et que je venais chercher cela pour madame?

LE JUGE.

Vous l'entendez, madame? Voici quel est son système : il prétend que vous l'avez envoyé chercher cette substance vous-même, et qu'il vous a remis le paquet tel que monsieur Baudrillon le lui a donné.

GERTRUDE.

C'est vrai, monsieur,

RAMEL.

Avez-vous, madame, fait déjà usage de cet arsenic?

GERTRUDE.

Non, monsieur.

LE JUGE.

Vous pouvez alors nous représenter le paquet livré par monsieur Baudrillon; le paquet doit porter son cachet, et s'il le reconnaît pour être sain et entier, les charges si graves, qui pèsent sur votre contremaître. dispara'traient en partie. Nous n'aurions plus qu'à attendre le rapport du médecin qui fait l'autopsie.

GERTRUDE.

Le paquet, monsieur, n'a pas quitté le secrétaire de ma chambre à coucher. (*Elle sort.*)

CHAMPAGNE.

Ah ! mon général, je suis sauvé !

LE GÉNÉRAL.

Pauvre Champagne.

RAMEL.

Général, nous serons très-heureux d'avoir à constater l'innocence de votre contre-maître : au contraire de vous, nous sommes enchantés d'être battus.

GERTRUDE, *revenant.*

Voilà, messieurs. (*Le juge examine avec Baudrillon et Ramel.*)

BAUDRILLON, *met ses lunettes.*

C'est intact, messieurs, parfaitement intact, voilà mon cachet deux fois, sain et entier.

LE JUGE.

Serrez bien cela, madame, car depuis quelque temps les cours d'assises n'ont à juger que des empoisonnements.

GERTRUDE.

Vous voyez, monsieur, il était dans mon secrétaire, et c'est moi seul, ou le général, qui en avons la clef. (*Elle rentre dans la chambre.*)

RAMEL.

Général, nous n'attendrons pas le rapport des experts. La principale charge, qui, vous en conviendrez, était très-grave, car toute la ville en parlait, vient de disparaître, et comme nous croyons à la science et à l'intégrité du docteur Vernon, (*Gertrude revient.*) Champagne, vous êtes libre. (*Mouvement de joie chez tout le monde.*) Mais vous voyez, mon ami, à quels fâcheux soupçons, on est exposé quand on fait mauvais ménage.

CHAMPAGNE.

Mon magistrat, demandez à mon général si je ne suis pas un agneau, mais ma femme, Dieu veuille lui pardonner, était bien la plus mauvaise qui ait été fabriquée... un ange n'aurait pas pu y tenir. Si je l'ai quelquefois remise à la raison, le mauvais quart d'heure que vous venez de me faire passer en est une rude punition, mille noms de noms !... Être pris pour un empoisonneur, et se savoir innocent, se voir entre les mains de la justice... (*Il pleure.*)

LE GÉNÉRAL.

Eh bien ! te voilà justifié.

NAPOLÉON.

Papa, en quoi c'est-il fait, la justice ?

LE GÉNÉRAL.

Messieurs, la justice ne devrait pas commettre de ces sortes d'erreurs.

GERTRUDE.

Elle a toujours quelque chose de fatal, la justice !... Et on causera toujours en mal pour ce pauvre homme de votre arrivée ici.

RAMEL.

Madame, la justice criminelle n'a rien de fatal pour les innocents. Vous voyez que Champagne a été promptement mis en liberté... (*En regardant Gertrude.*) Ceux qui vivent sans reproches, qui n'ont que despassions nobles, avouables, n'ont jamais rien à redouter de la justice.

GERTRUDE.

Monsieur, vous ne connaissez pas les gens de ce pays-ci... Dans dix ans, on dira que Champagne a empoisonné sa femme, que la justice est venue... et que sans notre protection...

LE GÉNÉRAL.

Allons, allons, Gertrude... ces messieurs ont fait leur devoir. (*Félix prépare sur un guéridon au fond à gauche ce qu'il faut pour le café.*) Messieurs, puis-je vous offrir une tasse de café ?

LE JUGE.

Merci, général, l'urgence de cette affaire nous a fait partir à l'improviste, et ma femme m'attend pour dîner à Louviers. (*Il va au perron causer avec le médecin.*)

LE GÉNÉRAL, *à Ramel.*

Et vous, monsieur, qui êtes l'ami de Ferdinand?

RAMEL.

Ah! vous avez en lui, général, le plus noble cœur, le plus probe garçon, et le plus charmant caractère que j'aie jamais rencontré.

PAULINE.

Il est bien aimable, ce procureur du roi.

GODARD.

Et pourquoi? Serait-ce parce qu'il fait l'éloge de monsieur Ferdinand... Tiens, tiens, tiens !

GERTRUDE, *à Ramel.*

Toutes les fois, monsieur, que vous aurez quelques instants à vous, venez voir monsieur de Charny. (*Au général.*) Nest-ce pas, mon ami, nous en profiterons?

LE JUGE, *il revient du perron.*

Monsieur de la Grandière, notre médecin, a reconnu, comme le docteur Vernon, que le décès a été causé par une attaque de choléra asiatique. Nous vous prions, madame la comtesse et vous, monsieur le comte, de nous excuser d'avoir troublé, pour un moment, votre charmant et paisible intérieur. (*Le général reconduit le juge.*)

RAMEL, *à Gertrude sur le devant de la scène.*

Prenez garde, Dieu ne protége pas des tentatives aussi téméraires que la vôtre. J'ai tout deviné. Renoncez à Ferdinand, laissez lui la vie libre, et contentez-vous d'être heureuse femme et heureuse mère. Le sentier que vous suivez conduit au crime.

GERTRUDE.

Renoncer à lui, mais autant mourir !

RAMEL, *à part.*

Allons ! je le vois, il faut enlever d'ici Ferdinand. (*Il fait un signe à Ferdinand, le prend sous le bras et sort avec lui.*)

LE GÉNÉRAL.

Enfin, nous en voilà débarrassés. (*A Gertrude.*) Fais servir le café. (*Pauline sonne.*)

GERTRUDE.

Pauline, sonne pour le café.

SCENE IV.

LES MÊMES, *moins* FERDINAND, LE JUGE *et* BAUDRILLON.

GODARD.

Je vais savoir, dans l'instant, si Pauline aime monsieur Ferdinand. Ce gamin, qui demande en quoi est faite la justice, me paraît très-farceur, il me servira. (*Félix paraît.*)

GERTRUDE.

Le café. (*Félix apporte le guéridon où les tasses sont disposées.*)

GODARD, *qui a pris Napoléon à part.*

Veux-tu faire une bonne farce ?

NAPOLÉON.

Je crois bien. Vous en savez ?

GODARD.

Viens, je vais te dire comment il faut t'y prendre. (*Godard va jusqu'au perron avec Napoléon.*)

LE GÉNÉRAL.

Pauline, mon café. (*Pauline le lui apporte.*) Il n'est pas assez sucré. (*Pauline lui donne du sucre.*) Merci, petite.

GERTRUDE.

Monsieur de Rimonville.

LE GÉNÉRAL.

Godard !...

GERTRUDE.

Monsieur de Rimonville.

LE GÉNÉRAL.

Godard, ma femme vous demande si vous voulez du café ?

GODARD.

Volontiers, madame la comtesse. (*Il vient à une place d'où il peut observer Pauline.*)

LE GÉNÉRAL.

Oh ! que c'est agréable de prendre son café bien assis.

NAPOLÉON.

Maman, maman, mon bon ami Ferdinand vient de tomber, il s'est cassé la jambe, car on le porte.

2.

VERNON.

Ah ! bah !

LE GÉNÉRAL.

Quel malheur !

PAULINE.

Ah ! mon Dieu ! (*Elle tombe sur un fauteuil.*)

GERTRUDE.

Que dis-tu donc là ?

NAPOLÉON.

C'est pour rire ! Je voulais voir si vous aimez mon bon ami.

GERTRUDE.

C'est bien mal, ce que tu fais là; tu n'es pas capable d'inventer de pareilles noirceurs?

NAPOLÉON, *tout bas.*

C'est Godard.

GODARD.

Il est aimé, elle a été prise à ma souricière qui est infaillible.

GERTRUDE, *à Godard, à qui elle tend un petit verre.*

Savez-vous, monsieur, que vous seriez un détestable précepteur ! C'est bien mal à vous d'apprendre de semblables méchancetés à un enfant.

GODARD.

Vous trouverez que j'ai très-bien fait, quand vous saurez que par ce petit stratagème de société ; j'ai pu découvrir mon rival. (*Il montre Ferdinand, qui entre.*)

GERTRUDE, *elle laisse tomber le sucrier.*

Lui !

GODARD, *à part.*

Elle aussi !

GERTRUDE, *haut.*

Vous m'avez fait peur.

LE GÉNÉRAL, *qui s'est levé.*

Qu'as-tu donc, ma chère enfant ?

GERTRUDE.

Rien, une autre espièglerie de monsieur, qui m'a dit que le procureur du roi revenait. Félix, emportez ce sucrier, et donnez en un autre.

LE DOCTEUR.

C'est la journée aux événements.

GERTRUDE.

Monsieur Ferdinand, vous allez avoir du sucre. (*A part.*) Il ne la regarde pas. (*Haut*) Eh bien, Pauline, tu ne prends pas un morceau de sucre dans le café de ton père ?

NAPOLÉON.

Ah bien, oui, elle est trop émue ; elle a fait : ah !

PAULINE.

Veux-tu te taire, petit menteur, tu ne cesses de me taquiner. (*Elle s'assied sur son père et prend un canard.*)

GERTRUDE.

Ce serait vrai ? et moi qui l'ai si bien habillée. (*A Godard.*) Si vous aviez raison, votre mariage se ferait dans quinze jours. (*Haut.*) Monsieur Ferdinand, votre café.

GODARD.

J'en ai donc prix deux dans ma souricière ! Et le général si calme, si tranquille, et cette maison si paisible... Ça va devenir drôle... je reste, je veux faire le whist ! Oh ! je n'épouse plus. (*Montrant Ferdinand.*) En voilà-t-il un homme heureux ! aimé de deux femmes charmantes, délicieuses ! quel factotum ! Mais qu'a-t-il donc de plus que moi qui ai quarante mille livres de rentes !

GERTRUDE.

Pauline ! ma fille, présente les cartes à ces messieurs pour le whist. Il est bientôt neuf heures... s'ils veulent faire leur partie, il ne faut pas perdre de temps. (*Pauline arrange les cartes.*) Allons Napoléon, dites bonsoir à ces messieurs, et donnez bonne opinion de vous en ne gaminant pas comme vous faites tous les soirs.

NAPOLÉON.

Bonsoir, papa. Comment donc est faite la justice ?

LE GÉNÉRAL.

Comme un aveugle ! bonne nuit, mon mignon !

NAPOLÉON.

Bonsoir, monsieur Vernon. De quoi est donc faite la justice ?

VERNON.

De tous nos crimes. Quand tu as commis une sottise, on te donne le fouet ; voilà la justice.

NAPOLÉON.

Je n'ai jamais eu le fouet.

VERNON.

On ne t'a jamais fait justice, alors !

NAPOLÉON.

Bonsoir, mon bon ami ! bonsoir, Pauline ! adieu, monsieur Godard...

GODARD.

De Rimonville.

NAPOLÉON.

Ai-je été gentil. (*Gertrude l'embrasse.*)

LE GÉNÉRAL.

J'ai le roi.

VERNON.

Moi, la dame.

FERDINAND, *à Godard.*

Monsieur, nous sommes ensemble.

GERTRUDE, *voyant Marguerite.*

Dis bien tes prières, ne fais pas enrager Marguerite... va, cher amour.

NAPOLÉON.

Tiens, cher amour!... en quoi c'est y fait l'amour. (*Il s'en va.*)

SCENE V.

LES MÊMES, *moins* NAPOLEON.

LE GÉNÉRAL.

Quand il se met dans ses questions, cet enfant-là, il est à mourir de rire.

GERTRUDE.

Il est souvent fort embarrassant de lui répondre, (*à Pauline.*) Viens là nous deux, nous allons finir notre ouvrage.

VERNON.

C'est à vous à donner, général.

LE GÉNÉRAL.

A moi... Tu devrais te marier, Vernon, nous irions chez toi comme tu viens ici, tu aurais tous les bonheurs de la famille. Voyez-vous, Godard il n'y a pas dans le département un homme plus heureux que moi.

VERNON.

Quand on est en retard de soixante-sept ans sur le bonheur, on ne peut plus se rattraper. Je mourrai garçon. (*Les deux femmes se mettent à travailler à la même tapisserie.*)

GERTRUDE, *avec Pauline sur le devant de la scène.*

Eh! bien, mon enfant, Godard m'a dit que tu l'avais reçu plus que froidement, c'est cependant un bien bon parti.

PAULINE.

Mon père, madame, me laisse la liberté de choisir moi-même un mari.

GERTRUDE.

Sais-tu ce que dira Godard? Il dira que tu l'as refusé parce que tu as déjà choisi quelqu'un.

PAULINE.

Si c'était vrai, mon père et vous, vous le sauriez. Quelle raison aurais-je de manquer de confiance en vous?

GERTRUDE.

Qui sait? je ne t'en blâmerais pas. Vois-tu, ma chère Pauline; en fait d'amour, il y en a dont le secret est héroïquement gardé par les femmes, gardé au milieu des plus cruels supplices.

PAULINE, *à part, ramassant ses ciseaux qu'elle a laissé tomber.*

Ferdinand m'avait bien dit de me défier d'elle... Est-elle insinuante?

GERTRUDE.

Tu pourrais avoir dans le cœur un de ces amours là! Si un pareil malheur t'arrivait, compte sur moi... Je t'aime, vois-tu! je fléchirais ton père, il a quelque confiance en moi, je puis même beaucoup sur son esprit, sur son caractère... ainsi, chère enfant, ouvre-moi ton cœur?

PAULINE.

Vous y lisez, madame, je ne vous cache rien

LE GÉNÉRAL.

Vernon, qu'est-ce que tu fais donc? (*Légers murmures. Pauline jette un regard vers la table de jeu.*)

GERTRUDE, *à part.*

L'interrogation directe n'a pas réussi. (*Haut.*) Combien tu me rends heureuse! car ce plaisant de petite ville, Godard, prétend que tu t'es presqu'évanouie quand il a fait dire exprès par Napoléon, que Ferdinand s'était cassé la jambe... Ferdinand est un aimable jeune homme dans notre intimité depuis bientôt quatre ans, quoi de plus naturel que cet attachement pour ce garçon, qui, non seulement a de la naissance, mais encore des talents?

PAULINE.

C'est le commis de mon père.

GERTRUDE.

Ah! grâce à Dieu, tu ne l'aimes pas; tu m'effrayais, car, ma chère, il est marié.

PAULINE.

Tiens, il est marié! pourquoi cache-t-il cela! (*A part.*) Marié! ce serait infâme, je le lui demanderai ce soir, je lui ferai le signal dont nous sommes convenus.

GERTRUDE, *à part.*

Pas une fibre n'a tressailli dans sa figure! Godard s'est trompé, ou cette enfant serait aussi forte que moi... (*Haut.*) Qu'as-tu mon ange?

PAULINE.

Oh! rien.

GERTRUDE, *lui mettant la main dans le dos.*

Tu as chaud! là, vois-tu? (*A part.*) Elle l'aime, c'est sûr... Mais lui, l'aime-t-il? Oh! je suis dans l'enfer.

PAULINE.

Je me serai trop appliquée à l'ouvrage! Et vous, qu'avez-vous?

GERTRUDE.

Rien! Tu me demandais pourquoi Ferdinand cache son mariage.

PAULINE.

Ah! oui!

GERTRUDE, *à part.*

Voyons si elle sait le secret de son nom. (*Haut.*) Parce que sa femme est très-indiscrète et qu'elle l'aurait compromis... Je ne puis t'en dire davantage.

PAULINE.

Compromis! Et pourquoi compromis?

GERTRUDE, *se levant.*

Si elle l'aime, elle a un caractère de fer! Mais où se seraient-ils vus? Je ne la quitte pas le jour, Champagne le voit à tout heure à la fabrique... Non, c'est absurde... Si elle l'aime, elle l'aime à elle seule, comme font toutes les jeunes filles qui commencent à aimer un homme sans qu'il s'en aperçoive; mais s'ils sont d'intelligence, je l'ai frappée trop droit au cœur pour qu'elle ne lui parle pas, ne fût-ce que des yeux. Oh! je ne les perdrai pas de vue.

GODARD.

Nous avons gagné, monsieur Ferdinand, à merveille! (*Ferdinand quitte le jeu et se dirige vers Gertrude.*)

PAULINE, *à part.*

Je ne croyais pas qu'on pût souffrir autant, sans mourir.

FERDINAND, *à Gertrude.*

Madame, c'est à vous à me remplacer.

GERTRUDE.

Pauline, prends ma place. (*A part.*) Je ne puis pas lui dire qu'il aime Pauline, ce serait lui en donner l'idée. Que faire? (*A Ferdinand.*) Elle m'a tout avoué.

FERDINAND.

Quoi!

GERTRUDE.

Mais tout!

FERDINAND.

Je ne comprends pas... Mademoiselle de Grandchamp?...

GERTRUDE.

Oui.

FERDINAND.

Eh bien! qu'a-t-elle fait?

GERTRUDE.

Vous ne m'avez pas trahie! Vous n'êtes pas d'intelligence pour me tuer.

FERDINAND.

Vous tuer? Elle!... Moi?

GERTRUDE.

Serais-je la victime d'une plaisanterie de Godard?...

FERDINAND.

Gertrude... Vous êtes folle.

GODARD, *à Pauline.*

Ah! mademoiselle, vous faites des fautes.

PAULINE.

Vous avez beaucoup perdu, monsieur, à ne pas avoir ma belle-mère.

GERTRUDE.

Ferdinand, je ne sais où est l'erreur, où est la vérité; mais ce que je sais, c'est que je préfère la mort à la perte de nos espérances.

FERDINAND.

Prenez garde! Depuis quelques jours, le docteur nous observe d'un œil bien malicieux.

GERTRUDE, *à part.*

Elle ne l'a pas regardé! (*Haut.*) Oh! elle épousera Godard, son père l'y forcera.

FERDINAND.

C'est un excellent parti que ce Godard.

LE GÉNÉRAL.

Il n'y a pas moyen d'y tenir! Ma fille fait fautes sur fautes; et toi, Vernon tu ne sais ce que tu joues, tu coupes mes rois.

VERNON.

Mon cher général, c'est pour rétablir l'équilibre.

LE GÉNÉRAL.

Ganache! tiens, il est dix heures, nous ferons mieux d'aller dormir que de jouer comme cela. Ferdinand, faites-moi le plaisir de conduire Godard à son appartement. Quant à toi, Vernon, tu devrais coucher sous ton lit pour avoir coupé mes rois.

GODARD.

Mais il ne s'agit que de cinq francs, général.

LE GÉNÉRAL.

Et l'honneur? (*A Vernon.*) Tiens, quoi que tu aies mal joué, voilà ta canne et ton chapeau. (*Pauline prend une fleur à la jardinière et joue avec.*)

GERTRUDE.

Un signal! oh! dussé-je me faire tuer par mon mari, je veillerai sur elle cette nuit.

FERDINAND, *qui a pris à Félix un bougeoir.*

Monsieur de Rimonville, je suis à vos ordres.

GODARD.

Je vous souhaite une bonne nuit, madame. Mes humbles hommages, mademoiselle. Bonsoir, général.

LE GÉNÉRAL.

Bonsoir, Godard.

GODARD.

De Rimonville... Docteur, je...

VERNON *le regarde et se mouche.*

Adieu, mon ami.

LE GÉNÉRAL *reconduisant le docteur.*

Allons, à demain Vernon, mais viens de bonne heure.

SCENE VI.

GERTRUDE, PAULINE, LE GÉNÉRAL.

GERTRUDE.

Mon ami, Pauline refuse Godard.

LE GÉNÉRAL.

Et quelles sont tes raisons, ma fille?

PAULINE.

Mais il ne me plaît pas assez pour que je fasse de lui un mari.

LE GÉNÉRAL.

Eh! bien, nous en chercherons un autre; mais il faut en finir, car tu as vingt-deux ans, et l'on pourrait croire des choses désagréables pour toi, pour ma femme et pour moi.

PAULINE.

Il ne m'est donc pas permis de rester fille.

GERTRUDE.

Elle a fait un choix, mais elle ne veut peut-être le dire qu'à vous, je vous laisse, confessez-là! (*A Pauline.*) Bonne nuit, mon enfant! cause avec ton père. (*A part.*) Je vais les écouter. (*Elle va fermer la porte et rentre dans sa chambre.*)

SCENE VII.

LE GÉNÉRAL, PAULINE.

LE GÉNÉRAL, *à part.*

Confesser ma fille! Je suis tout à fait impropre à cette manœuvre! C'est elle qui me confessera! (*Haut.*) Pauline, viens là. (*Il la prend sur ses genoux.*) Bien, ma petite chatte, crois-tu qu'un vieux troupier comme moi ne sache pas ce que signifie la résolution de rester fille... Cela veut dire, dans toutes les langues, qu'une jeune personne veut se marier, mais à quelqu'un qu'elle aime.

PAULINE.

Papa, je te dirais bien quelque chose, mais je n'ai pas confiance en toi.

LE GÉNÉRAL.

Et pourquoi cela, mademoiselle?

PAULINE.

Tu dis tout à ta femme.

LE GÉNÉRAL.

Et tu as un secret de nature à ne pas être dit à un ange, à une femme qui t'a élevée, à ta seconde mère.

PAULINE.

Oh! si tu te fâches, je vais aller me coucher... Je croyais, moi, que le cœur d'un père devait être un asile sûr pour une fille.

LE GÉNÉRAL.

Oh! câline! Allons, pour toi, je vais me faire doux.

PAULINE.

Oh! que tu es bon! Eh bien! si j'aimais le fils d'un de ceux que tu maudis?

LE GÉNÉRAL, *il se lève brusquement et repousse sa fille.*

Je te maudirais!

PAULINE.

En voilà de la douceur, là! (*Gertrude paraît.*)

LE GÉNÉRAL.

Mon enfant, il est des sentiments qu'il ne faut jamais éveiller en moi; tu le sais; c'est ma vie. Veux-tu la mort de ton père?

PAULINE.

Oh!

LE GÉNÉRAL.

Chère enfant! j'ai fait mon temps... Tiens, mon sort est à envier près de toi, près de Gertrude. Eh bien! quelque douce et charmante que soit mon existence, je la quitterais sans regret, si, la quittant, je te rendais heureuse; car nous devons le bonheur à ceux à qui nous avons donné la vie.

PAULINE *voit la porte entrebaillée.*

Ah! elle écoute. (*Haut.*) Mon père, il n'en est rien, rassurez-vous! Mais enfin, voyons?... si cela était et que ce fût un sentiment si violent que j'en dusse mourir?

LE GÉNÉRAL.

Il faudrait ne m'en rien dire, ce serait plus sage, et attendre ma mort. Et encore! s'il n'y a rien de plus sacré, de plus aimé, après Dieu et la patrie, pour les pères que, leurs enfants; les enfants, à leur tour, doivent tenir pour saintes les volontés de leurs pères, et ne jamais leur désobéir, même après leur mort. Si tu n'étais pas fidèle à cette haine, je sortirais, je crois, de mon cercueil pour te maudire.

PAULINE, *elle embrasse son père.*

Oh! méchant! méchant! Eh bien! je saurai maintenant si tu es discret... Jure-moi sur ton honneur de ne pas dire un mot de ceci.

LE GÉNÉRAL.

Je te le promets! Mais quelle raison as-tu donc de te défier de Gertrude?

PAULINE.

Tu ne me croirais pas.

LE GÉNÉRAL.

Ton intention est-elle de tourmenter ton père ?

PAULINE.

Non... A quoi tiens-tu le plus : à ta haine contre les traîtres ou à ton honneur ?

LE GÉNÉRAL.

A l'un comme à l'autre, c'est le même principe.

PAULINE.

Eh bien ! si tu manques à l'honneur en manquant à ton serment, tu pourras manquer à ta haine. Voilà tout ce que je voulais savoir !

LE GÉNÉRAL.

Si les femmes sont angéliques, elles ont aussi quelque chose d'infernal. Dites-moi qui souffle de pareilles idées à une fille innocente comme la mienne ?... Voilà comme elles nous mènent par le...

PAULINE.

Bonne nuit, mon père.

LE GÉNÉRAL.

Hum ! méchante enfant !

PAULINE.

Sois discret, ou je t'amène un gendre à te faire frémir. (*Elle rentre chez elle.*)

SCENE VIII.

LE GÉNÉRAL, *seul.*

Il y a certainement un mot à cette énigme ! il faut le trouver ! oui, le trouver à nous deux Gertrude.

SCÈNE IX.

La scène change. La chambre de Pauline. C'est une petite chambre simple, le lit au fond, une table ronde à gauche. Il existe une sortie dérobée à gauche, et l'entrée est à droite.

PAULINE.

Enfin, me voilà seule, je puis ne plus me contraindre ! Marié !!! mon Ferdinand marié !!! Ce serait le plus lâche, le plus infâme, le plus vil des hommes ! je le tuerais !! — Le tuer !.. non, mais je ne survivrais pas une heure à cette certitude... Ma belle-mère m'est odieuse ! ah ! si elle devient mon ennemie, elle aura la guerre, et je la lui ferai bonne. Ce sera terrible : je dirai tout ce que je sais, à mon père (*Elle regarde à sa montre.*) Onze heures et demie. il ne peut venir qu'à minuit, quand tout dort. Pauvre Ferdinand ! risquer sa vie ainsi pour une heure de causerie avec sa future ! est-ce aimer ? On ne fait pas de telles entreprises pour toutes les femmes! aussi de quoi ne serais-je pas capable pour lui! Si mon père nous surprenait, ce serai moi qui recevrais le premier coup. Oh! douter de l'homme qu'on aime, c'est je crois un plus cruel supplice que de le perdre : la mort, on l'y suit ; mais le doute?... c'est la séparation... Ah! je l'entends.

SCENE X.

FERDINAND, PAULINE. (*Elle pousse les verroux.*)

PAULINE.

Es-tu marié?

FERDINAND.

Quelle plaisanterie!... ne te l'aurais-je pas dit.

PAULINE.

Ah! (*Elle tombe sur un fauteuil puis à genoux.*) Sainte Vierge, quel vœu vous faire? (*Elle embrasse la main de Ferdinand.*) Et toi, sois mille fois béni.

FERDINAND.

Mais qui t'a dit une pareille folie?

PAULINE.

Ma belle-mère.

FERDINAND.

Elle sait tout! ou si elle ne le sait pas, elle va nous espionner et tout découvrir, car les soupçons chez les femmes comme elle, c'est la certitude!... Écoute-moi, Pauline, les instants sont précieux. C'est madame de Grandchamp qui m'afait venir dans cette maison.

PAULINE.

Et pourquoi?

FERDINAND.

Parce qu'elle m'aime.

PAULINE.

Quelle horreur!..... Eh bien, et mon père?

FERDIAAND.

Elle m'aimait, avant de se marier.

PAULINE.

Elle t'aime, mais toi, l'aimes-tu?

FERDINAND.

Serais-je resté dans cette maison?

PAULINE.

Elle t'aime... encore?

FERDINAND.

Malheureusement toujours! Elle a été, je dois te l'avouer, ma première inclination; mais je la hais aujourd'hui de toutes les puissances de mon âme, et je cherche pourquoi! Est-ce parce que je t'aime, et que tout véritable et pur amour est de sa nature exclusif? est-ce que la comparaison d'un ange de pureté tel que toi et d'un démon comme elle, me pousse autant à la haine du mal, qu'à l'amour de toi, mon bien, mon bonheur, mon joli trésor? je ne sais. Mais je la hais, et je t'aime à ne pas regretter de mourir si ton père me tuait, car une de nos causeries une heure passée là, près de toi, me semble, même après qu'elle s'est écoulée, toute une vie.

PAULINE.

Oh! parle, parle toujours?... tu m'as rassurée. Après t'avoir entendu, je te pardonne le mal que tu m'as fait en m'apprenant que je ne suis pas ton premier, ton seul amour, comme tu es le mien... C'est une illusion perdue, que veux-tu? Ne te fâche pas? Les jeunes filles sont folles, elles n'ont d'ambition que dans leur amour, et elles voudraient avoir le passé comme elles ont l'avenir de celui qu'elles aiment! tu la hais! Voilà pour moi, plus d'amour dans une parole que toutes les preuves que tu m'en a données en deux ans. Si tu savais avec quelle cruauté cette marâtre m'a mise à la question! Je me vengerai!

FERDINAND.

Prends garde! elle est bien dangereuse! Elle gouverne ton père! elle est femme à livrer un combat mortel!

PAULINE.

Mortel! c'est ce que je veux.

FERDINAND.

De la prudence, ma chère Pauline. Nous voulons être l'un à l'autre, n'est-ce pas?... eh bien! mon ami le procureur du roi est d'avis que, pour triompher des difficultés qui nous séparent, il faut avoir la force de nous quitter pendant quelque temps.

PAULINE.

Oh! donne-moi deux jours, et j'aurai tout obtenu de mon père.

FERDINAND.

Tu ne connais pas madame de Grandchamp. Elle a trop fait pour ne pas te perdre, et elle osera tout. Aussi ne partirai-je pas sans te donner des armes terribles contre elle.

PAULINE.

Donne, donne.

FERDINAND.

Pas encore! promets-moi de n'en faire usage que si ta vie est menacée, car c'est un crime contre la délicatesse que je commettrai! Mais il s'agit de toi.

PAULINE.

Qu'est-ce donc.

FERDINAND.

Les lettres qu'elle m'a écrites avant son mariage et quelques-unes après... je te les remettrai demain. Pauline, ne les lis pas! jure-le moi par notre amour, par notre bonheur! Il suffira, si la nécessité le voulait absolument, qu'elle sache que tu les as en ton possession, et tu la verras trembler, ramper à tes pieds; car alors toutes ses machinations tomberont. Mais que ce soit ta dernière ressource, et surtout cache-les bien.

PAULINE.

Quel duel !

FERDINAND.

Terrible! Maintenant, Pauline, garde avec courage, comme tu l'as fait, le secret de notre amour; attends pour l'avouer qu'il ne puisse se nier.

PAULINE.

Ah! pourquoi ton père a t-il trahi l'empereur! Mon Dieu, si les pères savaient combien leurs enfants sont punis de leurs fautes, il n'y aurait que de braves gens.

FERDINAND.

Peut-être est-ce notre dernière joie que ce triste entretien? Soyons-nous fidèles malgré le temps et la distance! Moi parti, ne seras-tu pas plus forte auprès de ton père?

PAULINE, *à part.*

Je le rejoindrai... (*Haut.*) Tiens, je ne pleure plus, je suis courageuse! Dis? ton ami sera dans le secret de ton asile?

FERDINAND.

Eugène sera notre intermédiaire.

PAULINE.

Et, ces lettres?

FERDINAND.

Demain! demain!... Mais où les cacheras-tu?

PAULINE.

Je les garderai sur moi.

FERDINAND.

Eh! bien, adieu.

PAULINE.

Non, pas encore.

FERDINAND.

Un instant peut nous perdre...

PAULINE.

Ou nous unir pour la vie... Tiens, laisse-moi te reconduire, je ne suis tranquille que lorsque je te vois dans le jardin. Viens, viens.

FERDINAND.

Un dernier coup d'œil à cette chambre de jeune fille où tu penseras à moi... où tout parle de toi.

SCENE XI.

La scène change et représente la première décoration.

PAULINE, *sur le perron,* GERTRUDE, *à la porte du salon.*

GERTRUDE.

Elle le reconduit jusque dans le jardin... Il me trompait! elle aussi!... (*Elle prend Pauline par la main et l'amène sur le devant de la scène.*) Direz-vous, mademoiselle, que vous ne l'aimez pas?

PAULINE.

Madame, moi, je ne trompe personne.

GERTRUDE.

Vous trompez votre père.

PAULINE.

Et vous madame?

GERTRUDE.

D'accord! tous deux! contre moi... oh! je vais...

PAULINE.

Vous ne ferez rien, madame, ni contre moi, ni contre lui.

GERTRUDE.

Ne me forcez pas à déployer mon pouvoir! Vous devez obéir à votre père, et... il m'obeit.

PAULINE.

Nous verrons!

GERTRUDE.

Son sang-froid me fait bondir le cœur! Mon sang pétille dans mes veines. Je vois du noir devant mes yeux! Sais-tu que je préfère la mort à la vie sans lui.

PAULINE.

Et moi aussi, madame. Mais moi je suis libre, je n'ai pas juré comme vous d'être fidèle à un mari... Et votre mari... c'est mon père!

GERTRUDE, *aux genoux de Pauline.*

Que t'ai-je fait? je t'ai aimee... je t'ai élevée, j'ai été bonne mère.

PAULINE.

Soyez épouse fidèle, et je me tairai.

GERTRUDE.

Eh! parle! parle tant que tu voudras... Ah! la lutte commence.

SCÈNE XII.

LES MÊMES, LE GÉNÉRAL.

LE GÉNÉRAL.

Ah ça, que se passe-t-il donc ici?

GERTRUDE.

Trouve-toi mal! allons donc! (*Elle la renverse.*) Il y a, mon ami, que j'ai entendu des gémissements. Notre chère enfant appelait au secours, elle était asphyxiée par les fleurs de sa chambre.

PAULINE.

Oui, papa. Marguerite avait oublié d'ôter la jardinière, et je me mourais.

GERTRUDE.

Viens, ma fille, viens prendre l'air. (*Elle veulent aller à la porte.*)

LE GÉNÉRAL.

Restez un moment... Eh bien! où donc avez vous mis les fleurs?

PAULINE, *à Gertrude.*

Je ne sais pas où madame les a portées.

GERTRUDE.

Là, dans le jardin. (*Le Général sort brusquement après avoir déposé son bougeoir sur la table de jeu au fond à gauche.*)

SCENE XIII.

PAULINE, GERTRUDE.

GERTRUDE.

Rentrez dans votre chambre, enfermez vous-y! je prends tout sur moi. (*Pauline rentre.*) Je l'attends! (*Elle rentre.*)

LE GÉNÉRAL, *revenant du jardin.*

Je n'ai trouvé de jardinière nulle part... Décidemment il se passe quelque chose d'extraordinaire ici. Gertrude!... personne! Ah! madame de Grandchamp, vous allez me dire... Il serait plaisant que ma femme et ma fille se jouassent de moi. (*Il reprend son bougeoir et entre chez Gertrude. — Le rideau baisse pendant quelques instants pour indiquer l'entr'acte, puis le jour revient.*)

ACTE III.

SCÈNE I.

GERTRUDE, *seule d'abord, puis* CHAMPAGNE.

(*Gertrude remonte elle-même une jardinière par le perron et la dépose dans la première pièce.*)

GERTRUDE.

Ai-je eu de la peine à endormir ses soupçons! Encore une ou deux scènes de ce genre, et je ne serai plus maîtresse de son esprit. Mais j'ai conquis un moment de liberté... Pourvu que Pauline ne vienne pas me troubler... Oh! elle doit dormir... elle s'est couchée si tard.. Serait-il possible de l'enfermer?... (*Elle va voir la porte de la chambre de Panline.*) Non!...

CHAMPAGNE, *entrant.*

Monsieur Ferdinand va venir, madame.

GERTRUDE.

Merci, Champagne. Il s'est couché bien tard, hier?

CHAMPAGNE.

Monsieur Ferdinand fait, comme vous le savez, sa ronde toutes les nuits, et il est rentré vers une heure et demie du matin. Je couche au-dessus de lui, je l'entends.

GERTRUDE.

Se couche-t-il quelquefois plus tard?

CHAMPAGNE.

Quelquefois! c'est selon le temps qu'il met à faire sa ronde.

GERTRUDE.

Bien, merci. (*Champagne sort.*) Pour prix d'un sacrifice qui dure depuis douze ans, et dont les douleurs ne peuvent être comprises que par des femmes, car les hommes devinent-ils jamais de pareilles tortures? qu'avais-je demandé? bien peu! le savoir là, près de moi, sans autre plaisir qu'un regard furtif de temps en temps. Je ne voulais que cette certitude d'être attendue... certitude qui nous suffit, à nous autres pour qui l'amour pur, céleste, est un rêve irréalisable. Les hommes ne se croient aimés que quand ils nous ont fait tomber dans la fange! Et voilà comme il me récompense! il a des rendez-vous la nuit avec cette sotte de fille! Eh bien! il va me prononcer mon arrêt de mort, en face: et, s'il en a le courage, j'aurai celui de les désunir à jamais, à l'instant, j'en ai trouvé le moyen... Ah! le voici! je me sens défaillir! Mon Dieu! pourquoi nous faites-vous donc tant aimer un homme qui ne nous aime plus!

SCENE II.

FERDINAND, GERTRUDE.

GERTRUDE.

Hier, vous me trompiez! Vous êtes venu, cette nuit, ici, par ce salon, avec une fausse clef, voir Pauline, au risque de vous faire tuer par monsieur de Grandchamp! Oh! épargnez-vous un mensonge. Je vous ai vu, j'ai surpris Pauline au retour de votre promenade nocturne. Vous avez fait un choix dont je ne puis pas vous féliciter. Si vous aviez pu nous entendre hier, à cette place! voir l'audace de cette fille, le front avec lequel elle m'a tout nié, vous trembleriez pour votre avenir, cet avenir qui m'appartient, et pour lequel j'ai vendu corps et ame.

FERDINAND, *à part.*

L'avalanche des reproches! (*Haut.*) Tâchons, Gertrude, de nous conduire sagement l'un et l'autre? Evitons surtout les vulgarités... Jamais je n'oublierai ce que vous avez été pour moi; je vous aime encore d'une amitié sincère, dévouée, absolue; mais je n'ai plus d'amour.

GERTRUDE.

Depuis dix-huit mois?

FERDINAND.

Depuis trois ans.

GERTRUDE.

Mais alors avouez donc que j'ai le droit de haïr et de combattre votre amour pour Pauline; car cette passion vous a rendu lâche et criminel envers moi.

FERDINAND.

Madame.

GERTRUDE.

Oui, vous m'avez trompée... En restant ici entre nous deux, vous m'avez fait revêtir un caractère qui n'est pas le mien. Je suis violente, vous le savez. La violence est franche, et je marche dans une voie de tromperies infâmes. Vous ne savez donc pas ce que c'est que d'avoir à trouver de nouveaux mensonges chaque jour, à l'improviste, de mentir avec un poignard dans le cœur... Oh! le mensonge! mais c'est pour nous la punition du bonheur. C'est une honte, si l'on réussit; c'est la mort, si l'on échoue. Et vous!... vous, les hommes vous envient de vous faire aimer par les femmes. Vous serez applaudi, là où je serai méprisée! Et vous ne voulez pas que je me défende! Et vous n'avez que d'amères paroles pour une femme qui vous a tout caché: remords, larmes. J'ai gardé pour moi seule la colère du ciel! je descendais seule dans les abîmes de mon âme, creusée par les douleurs; et, tandis que le repentir me mordait le cœur, je n'avais pour vous que des regards pleins de tendresse, une physionomie gaie. Tenez, Ferdinand, ne dédaignez pas une esclave si bien apprivoisée.

FERDINAND, *à part.*

Il faut en finir. (*Haut.*) Écoutez, Gertrude, quand nous nous sommes rencontrés, la jeunesse seule nous a réunis. J'ai cédé, si vous le voulez, à un mouvement d'égoïsme qui se trouve au fond du cœur de tous les hommes, à leur insu, caché sous les fleurs des premier désirs. On a tant de turbulence dans les sentiments à vingt-deux ans! L'enivrement auquel nous sommes en proie ne nous permet de réfléchir ni à la vie comme elle est, ni à ses conditions sérieuses...

GERTRUDE, *à part.*

Comme il raisonne tranquillement! Ah! il est infâme!

FERDINAND.

Et alors je vous ai aimée avec candeur, avec un entier abandon; mais depuis!... depuis, la vie a changé d'aspect pour nous deux. Si donc je suis resté sous ce toit où je n'aurais jamais du venir, c'est que j'avais choisi dans Pauline la seule femme avec laquelle il me soit possible de finir mes jours. Allons, Gertrude, ne vous brisez pas contre cet arrêt du ciel? Ne tourmentez pas deux êtres qui vous demandent leur bonheur, qui vous aimeront bien.

GERTRUDE.

Ah ! vous êtes le martyr ? et moi... moi je suis le bourreau ! Mais ne serais-je pas votre femme aujourd'hui, si je n'avais pas, il y a douze ans, préféré votre bonheur à mon amour?

FERDINAND.

Eh bien ! faites aujourd'hui la même chose en me laissant ma liberté.

GERTRUDE.

La liberté d'en aimer une autre. Il ne s'agissait pas de ça, il y a douze ans... Mais je vais en mourir.

FERDINAND.

On meurt d'amour dans les poésies, mais dans la vie ordinaire on se console.

GERTRUDE.

Ne mourez-vous pas vous autres pour votre honneur outragé, pour un mot, pour un geste? Eh bien ! il y a des femmes qui savent mourir pour leur amour, quand cet amour est un trésor où elles ont tout placé, quand c'est toute leur vie, et je suis de ces femmes-là moi! Depuis que vous êtes sous ce toit, Ferdinand, j'ai craint une catastrophe à toute heure! eh bien ! j'avais toujours sur moi le moyen de quitter la vie à l'instant, s'il nous arrivait malheur. Tenez, (*elle montre un flacon*) voilà comment j'ai vécu!

FERDINAND.

Ah ! voici les larmes !

GERTRUDE.

Je m'étais promis de les maîtriser, elles m'étouffent ! Mais aussi, vous me parlez avec cette froide politesse qui est votre dernière insulte à vous autres, pour un amour que vous rebutez ! Vous ne me témoignez pas la moindre sympathie ! vous voudriez me voir morte, et vous seriez débarrassé... Mais, Ferdinand, tu ne me connais pas ! J'avouerai tout dans une lettre au général, que je ne veux plus tromper. Cela me lasse, moi, le mensonge. Je prendrai mon enfant, je viendrai chez toi, nous partirons ensemble. Plus de Pauline.

FERDINAND.

Si vous faites cela, je me tuerai.

GERTRUDE.

Et moi aussi! Nous serons réunis par la mort, et tu ne seras pas à elle.

FERDINAND *à part.*

Quel caractère infernal!

GERTRUDE.

Et d'ailleurs, la barrière qui vous sépare de Pauline peut ne jamais s'abaisser, que feriez-vous ?

FERDINAND

Pauline saura rester libre.

GERTRUDE.

Mais si son père la mariait ?...

FERDINAND.

J'en mourrais !

GERTRUDE.

On meurt d'amour dans les poësies, dans la vie ordinaire on se console ; et... on fait son devoir, en gardant celle dont on a pris la vie.

LE GÉNÉRAL, *au dehors*.

Gertrude ! Gertrude !

GERTRUDE.

J'entends monsieur. (*Le général paraît.*) Ainsi, monsieur Ferdinand, expédiez vos affaires pour revenir promptement, je vous attends.

SCÈNE III.

LE GÉNÉRAL, GERTRUDE, *puis* PAULINE.

LE GÉNÉRAL.

Une conférence de si grand matin avec Ferdinand ! de quoi s'agit-il donc ? de la fabrique !

GERTRUDE.

De quoi il s'agit ? je vais vous le dire; car... vous êtes bien comme votre fils, quand vous vous mettez dans vos questions, il faut vous répondre absolument ! Je me suis imaginée que Ferdinand est pour quelque chose dans le refus de Pauline d'épouser Godard.

LE GÉNÉRAL.

Tiens ! tu pourrais avoir raison.

GERTRUDE.

J'ai fait venir monsieur Ferdinand pour éclaircir mes soupçons, et vous avez interrompu notre entretien, au moment où j'allais peut-être savoir quelque chose. (*Pauline entr'ouve sa porte.*)

LE GÉNÉRAL.

Mais, si ma fille aime monsieur Ferdinand...

PAULINE.

Ecoutons.

LE GÉNÉRAL.

Je ne vois pas pourquoi hier, quand je la questionnais d'un ton paternel, avec douceur, elle m'aurait caché, libre comme je la laisse, un sentiment si naturel.

GERTRUDE.

C'est que vous vous y êtes mal pris ! ou vous l'avez questionnée dans un moment où elle hésitait... Le cœur des jeunes filles, mais c'est plein de contradictions.

LE GÉNÉRAL.

Au fait, pourquoi pas? ce jeune homme travaille comme un lion, il est honnête, il est probablement d'une bonne famille.

PAULINE.

Oh! j'y suis! (*Elle rentre.*)

LE GÉNÉRAL.

Il nous donnera des renseignements, il est là-dessus d'une discrétion; mais tu dois la connaître sa famille, car c'est toi qui nous as trouvé ce trésor.

GERTRUDE.

Je te l'ai proposé sur la recommandation de la vieille madame Morin.

LE GÉNÉRAL.

Elle est morte!

GERTRUDE, *à part.*

C'est bien pour cela que je la cite... (*Haut.*) Elle m'a dit qu'il a sa mère, madame de Charny, pour laquelle il est d'une piété filiale admirable; elle est en Bretagne, et d'une vieille famille de ce pays-là... les Charny.

LE GÉNÉRAL.

Les Charny... Enfin, s'il aime Pauline et si Pauline l'aime, moi, malgré la fortune de Godard, je le lui préfèrerais pour gendre... Ferdinand connaît la fabrication, il m'achèterait mon établissement avec la dot de Pauline, ça irait tout seul. Il n'a qu'à nous dire d'où il vient, ce qu'il est, ce qu'était son père... Mais nous verrons sa mère.

GERTRUDE.

Madame Charny?

LE GÉNÉRAL.

Oui, madame Charny.... N'est-elle pas près de Saint-Malo?... ce n'est pas au bout du monde...

GERTRUDE.

Mettez-y de la finesse, un peu de votre ruse de vieux soldat, de la douceur, et vous saurez si cette enfant...

LE GÉNÉRAL.

Et pourquoi me fâcherais-je?... Voilà, sans doute, Pauline...

SCÈNE IV.

Les Mêmes, MARGUERITE, *puis* PAULINE.

LE GÉNÉRAL.

Ah! c'est vous, Marguerite... Vous avez failli causer cette nuit la mort de ma fille par une inadvertance... vous avez oublié...

MARGUERITE.

Moi, général, la mort de mon enfant!

LE GÉNÉRAL.

Vous avez oublié d'ôter la jardinière où il se trouvait des plantes à odeurs fortes, elle en a été presque asphyxiée...

MARGUERITE.

Par exemple!... J'ai ôté la jardinière avant l'arrivée de monsieur Godard, et madame a dû voir qu'elle n'y était déjà plus quand nous avons habillé mademoiselle...

GERTRUDE.

Vous vous trompez, elle y était...

MARGUERITE, *à part.*

En voilà une sévère... (*Haut.*) Madame a voulu mettre des fleurs naturelles dans les cheveux de Mademoiselle, et a dit : Tiens, la jardinière n'y est plus...

GERTRUDE.

Vous inventez... Voyons, où l'avez-vous portée?

MARGUERITE.

Au bas du perron.

GERTRUDE, *au général.*

L'y avez-vous trouvée cette nuit?

LE GÉNÉRAL.

Non !

GERTRUDE.

Je l'ai ôtée de la chambre moi-même cette nuit, et l'ai mise là. (*Elle montre la jardinière sur le perron.*)

MARGUERITE, *au Général.*

Monsieur, je vous jure par mon salut éternel...

GERTRUDE.

Ne jurez pas !... (*Appelant.*) Pauline !

LE GÉNÉRAL.

Pauline !... (*Elle paraît.*)

GERTRUDE.

La jardinière était-elle chez toi cette nuit?

PAULINE.

Oui... Marguerite, ma pauvre vieille, tu l'auras oubliée...

MARGUERITE.

Dites donc, mademoiselle, qu'on l'y aura reportée exprès pour vous rendre malade !

GERTRUDE.

Qu'est-ce que c'est que ce *on?...*

LE GÉNÉRAL.

Vieille folle, si vous manquez de mémoire, il ne faut, du moins, accuser personne !...

PAULINE, *à Marguerite.*

Tais-toi ! (*Haut.*) Marguerite, elle y était! Tu l'as oubliée...

MARGUERITE.

C'est vrai, monsieur, je confonds avec avant-hier...

LE GÉNÉRAL, *à part.*

Elle est chez moi depuis vingt ans... son insistance me semble singulière... (*Il prend Marguerite à part.*) Voyons... et l'histoire des fleurs dans la coiffure?...

MARGUERITE, *à qui Pauline fait des signes.*

Monsieur, c'est moi qui aurai dit cela... Je suis si vieille que la mémoire me manque...

LE GÉNÉRAL.

Mais alors, pourquoi supposer qu'une mauvaise pensée puisse venir à quelqu'un dans la maison?...

PAULINE.

Laissez-la, mon père! Elle a tant d'affection pour moi, cette bonne Marguerite, qu'elle en est quelquefois folle...

MARGUERITE, *à part.*

Je suis sûr d'avoir ôté la jardinière...

LE GÉNÉRAL, *à part.*

Pourquoi ma femme et ma fille me tromperaient-elles?... Un vieux troupier comme moi ne se laisse pas malmener dans les feux de file, il y a décidément du louche...

GERTRUDE.

Marguerite, nous prendrons le thé ici, quand M. Godard sera descendu... Dites à Félix d'apporter ici tous les journaux.

MARGUERITE.

Bien, madame.

SCÈNE V.

GERTRUDE, LE GÉNÉRAL, PAULINE.

LE GÉNÉRAL. (*Il embrasse sa fille.*)

Tu ne m'as seulement dit bonjour, fille dénaturée!

PAULINE. (*Elle l'embrasse.*)

Mais aussi, tu commences par quereller à propos de rien... Je vous déclare, monsieur mon père, que je vais entreprendre votre éducation... Il est bien temps, à ton âge, de te calmer le sang... Un jeune homme n'est pas si vif que toi! Tu as fait peur à Marguerite, et quand les femmes ont peur, elles font des petits mensonges, et l'on ne sait rien...

LE GÉNÉRAL, *à part.*

Tirez-vous de là! (*Haut.*) Votre conduite, mademoiselle ma fille, n'est pas de nature à me calmer le sang... Je veux te marier, je te propose un homme jeune...

PAULINE.

Beau, surtout, et bien élevé!

LE GÉNÉRAC.

Allons, silence, quand votre père vous parle, mademoiselle, Un homme qui possède une magnifique fortune, au moins sextuple de la vôtre, et tu le refuses... Tu le peux, je te laisse libre, mais si tu ne veux pas de Godard, dis-moi qui tu choisis, d'autant plus que je le sais...

PAULINE.

Ah! mon père... vous êtes plus clairvoyant que moi... Qui est-ce ?

LE GÉNÉRAL.

Un homme de trente à trente-cinq ans, qui me plaît à moi, plus que Godard, quoiqu'il soit sans fortune.... Il fait déjà partie de la famille.

PAULINE.

Je ne nous vois pas de parents ici.

LE GÉNÉRAL.

Qu'as-tu donc contre ce pauvre Ferdinand pour ne pas vouloir...

PAULINE.

Ah! ah! qui vous a fait ce conte-là, je parie que c'est madame de Grandchamp.

LE GÉNÉRAL.

Un conte! ce n'est donc pas vrai; tu n'as jamais pensé à ce brave garçon?

PAULINE.

Jamais!

GERTRUDE, *à part.*

Elle ment! observez-la.

PAULINE.

Madame a sans doute des raisons de me supposer un attachement pour le commis de mon père. Oh! je le vois, elle te fera dire : Si votre cœur, ma fille, n'a point de préférence, épousez Godard! (*A Gertrude.*) Ce trait, madame, est infâme! me faire abjurer mon amour devant mon père! Oh! je me vengeai!

GERTRUDE.

A votre aise; mais vous épouserez Godard.

LE GÉNÉRAL, *à part.*

Seraient-elles mal ensemble... Je vais interroger Ferdinand. (*Haut.*) Que dites-vous donc entre vous?

GERTRUDE.

Ta fille, mon ami, m'en veut de ce que j'ai pu la croire éprise d'un subalterne, elle en est profondément humiliée.

LE GÉNÉRAL.

C'est décidé, tu ne l'aimes pas?

PAULINE.

Mon père, je... je ne vous demande pas à me marier! je suis heureuse! la seule chose que Dieu nous ait donné en propre à nous autres femmes, c'est notre cœur... Je ne comprends pas pourquoi madame de Grandchamp, qui n'est pas ma mère, se mêle de mes sentiments.

GERTRUDE.

Mon enfant, je ne veux que votre bonheur. Je suis votre belle-mère, je le sais, mais si vous aviez aimé Ferdinand, j'aurais...

LE GÉNÉRAL, *baisant la main de Gertrude.*

Que tu es bonne !

PAULINE, *à part.*

J'étouffe !... Ah ! je voudrais lui faire bien du mal !

GERTRUDE.

Oui, je me serais jetée aux pieds de votre père pour obtenir son consentement, s'il l'avait refusé.

LE GÉNÉRAL.

Voici Ferdinand. (*A part.*) Je vais le questionner à ma manière, je saurai peut-être quelque chose.

SCENE VI.

LES MÊMES, FERDINAND.

LE GÉNÉRAL, *à part.*

Venez ici, mon ami, là. — Voilà trois ans et demi que vous êtes avec nous, et je vous dois de pouvoir dormir tranquillement malgré les soucis d'un commerce considérable. Vous êtes maintenant presque autant que moi le maître de ma fabrique, vous vous êtes contenté d'appointements assez ronds, il est vrai, mais qui ne sont peut-être pas en harmonie avec les services que vous m'avez rendus. J'ai deviné d'où vous vient ce désintéressement.

FERDINAND.

De mon caractère ! général.

LE GÉNÉRAL.

Soit !..... mais le cœur y est pour beaucoup, hein ?.... Allons, Ferdinand, vous connaissez ma façon de penser sur le rangs de la société, sur les distinctions ; nous sommes tous fils de nos œuvres : j'ai été soldat. Ayez donc confiance en moi ! On m'a tout dit.... vous aimez une petite personne, ici.... si vous lui plaisez, elle est à vous. Ma femme a plaidé votre cause, et je dois vous dire qu'elle est gagnée dans mon cœur.

FERDINAND.

Vrai ? général, madame de Grandchamp a plaidé ma cause !... Ah ! madame ! (*Il tombe à ses genoux.*) Ah ! je reconnais là votre grandeur d'âme ! Vous êtes sublime, vous êtes un ange ! (*Courant se jeter aux genoux de Pauline.*) Pauline, ma Pauline !

GERTRUDE, *au Général.*

J'ai deviné, il aime Pauline.

PAULINE.

Monsieur, vous ai-je jamais, par un seul regard, par une seule parole, donné le droit de dire ainsi mon nom ? Je suis on ne peut plus étonnée de vous avoir inspiré des sentiments qui peuvent flatter d'autres personnes, mais que je ne partage pas.... J'ai de plus hautes ambitions.

LE GÉNÉRAL.

Pauline, mon enfant, tu es plus que sévère... Voyons, n'est-ce pas quelque malententendu... Ferdinand, venez ici, plus près...

FERDINAND.

Comment, mademoiselle, quand madame votre belle-mère, quand monsieur votre père sont d'accord....

PAULINE, *à Ferdinand.*

Perdus.

LE GÉNÉRAL.

Ah! je vais faire le tyran. — Dites-moi, Ferdinand, vous avez sans doute une famille honorable?...

PAULINE, *à Ferdinand.*

Là!

LE GÉNÉRAL.

Votre père, bien certainement, exerçait une profession au moins égale à celle du mien, qui était sergent du guet.

GERTRUDE, *à part.*

Les voilà séparés à jamais.

FERDINAND.

Ah! (*A Gertrude.*) Je vous comprends. (*Au Général.*) Général, je dis pas que dans un rêve, oh! bien lointain, mademoiselle, dans un doux rêve auquel on aime à s'abandonner, quand on est pauvre et sans famille... (les rêves sont toute la fortune des malheureux!) je ne dis pas que je n'aie pas regardé comme un bonhenr à rendre fou de vous appartenir; mais l'accueil que fait mademoiselle à des espérances bien naturelles, et qu'il a été cruel à vous de ne pas laisser secrètes est tel, que dans ce moment même, puisqu'elles sont sorties de mon cœur, elles n'y rentreront jamais! Je suis bien éveillé, général. Le pauvre a sa fierté qu'il ne faut pas plus blesser que l'on ne doit heurter... tenez?... votre attachement à Napoléon. (*A Gertrude.*) Vous jouez un jeu terrible!

GERTRUDE.

Elle épousera Godard.

LE GÉNÉRAL.

Pauvre jeune homme! (*A Pauline.*) Il est bien, très-bien! — Je l'aime.... (*Il prend Ferdinand à part.*) A votre place, moi, à votre âge, j'aurais... Non, non, diable!... c'est ma fille!

FERDINAND.

Général, je m'adresse à votre honneur... Jurez-moi de garder le plus profond secret sur ce que je vais vous confier, et que ce secret s'étende jusqu'à madame de Grandchamp.

LE GÉNÉRAL, *à part.*

Ah! ça, lui aussi, comme ma fille hier, il se défie de ma femme..... Eh! sacrebleu! je vais savoir.... (*Haut.*) Touchez-là, vous avez la parole d'un homme qui n'a jamais failli à celle qu'il a donnée.

FERDINAND.

Après m'avoir fait révéler ce que j'enterrais au fond de mon cœur, après avoir été foudroyé, c'est le mot, par le dédain de mademoiselle Pauline, il m'est impossible de demeurer ici.... Je vais mettre mes comptes en règle, car, ce soir même, j'aurai quitté le pays, et demain la France, si je trouve au Havre un navire en partance pour l'Amérique.

LE GÉNÉRAL, *à part.*

On peut le laisser partir, il reviendra. (*A Ferdinand.*) Puis-je le dire à ma fille.

FERDINAND.

Oui, mais à elle seulement.

LE GÉNÉRAL.

Pauline !... eh bien, ma fille, tu as si cruellement humilié ce pauvre garçon, que la fabrique va se trouver sans chef ; Ferdinand part pour l'Amérique ce soir.

PAULINE.

Il a raison, mon père... il fait de lui-même ce que vous lui auriez sans doute conseillé de faire.

GERTRUDE, *à Ferdinand.*

Elle épousera Godard.

FERDINAND, *à Gertrude.*

Si ce n'est moi, ce sera Dieu qui vous punira de tant d'atrocité !

LE GÉNÉRAL, *à Pauline.*

C'est bien loin, l'Amérique ? .. un climat meurtrier.

PAULINE.

On y fait fortune.

LE GÉNÉRAL, *à part.*

Elle ne l'aime pas. (*A Ferdinand.*) Ferdinand, vous ne partirez pas sans que je vous aie remis de quoi commencer votre fortune.

FERDINAND.

Je vous remercie, général : mais ce qui m'est dû me suffira ! D'ailleurs, vous ne vous apercevrez pas de mon départ à la fabrique, car j'ai formé dans Champagne un contremaître assez habile aujourd'hui pour devenir mon successeur; et si vous voulez m'accompagner à la fabrique, vous allez voir...

LE GÉNÉRAL.

Volontiers. (*A part.*) Tout s'embrouille si bien ici, que je vais aller chercher Vernon. Les conseils et les deux yeux de mon vieux docteur ne seront pas de trop pour m'aider à deviner ce qui trouble le ménage, car il y a quelque chose. Ferdinand, je suis à vous, Nous revenons, mesdames. (*A part.*) Il y a quelque chose. (*Le Général et Ferdinand sortent.*)

SCENE VII.

GERTRUDE, PAULINE.

PAULINE, *elle ferme la porte au verrou.*

Madame, estimez-vous qu'un amour pur, qu'un amour qui, pour nous, résume et agrandit toutes les félicités humaines, qui fait comprendre les félicités divines, nous soit plus cher, plus précieux que la vie?...

GERTRUDE.

Vous avez lu la *Nouvelle Héloïse*, ma chère. Ce que vous dites là est pompeux, mais c'est vrai.

PAULINE.

Eh bien! madame, vous venez de me faire commettre un suicide...

GERTRUDE.

Que vous auriez été heureuse de me voir accomplir; et, si vous aviez pu m'y forcer, vous vous sentiriez dans l'âme la joie qui remplit la mienne à déborder.

PAULINE.

Selon mon père, la guerre entre gens civilisés a ses lois; mais la guerre que vous me faites, madame, est celle des Sauvages.

GERTRUDE.

Faites comme moi, si vous pouvez?... Mais vous ne pourrez rien! Vous épouserez Godard. C'est un fort bon parti; vous serez, je vous l'assure, très-heureuse avec lui, car il a des qualités.

PAULINE.

Et vous croyez que je vous laisserai tranquillement devenir la femme de Ferdinand?

GERTRUDE.

Après le peu de paroles que nous avons échangées cette nuit, pourquoi prendrions-nous des formules hypocrites? J'aimais Ferdinand, ma chère Pauline, quand vous aviez huit ans.

PAULINE.

Mais vous en avez plus de trente!... Et moi, je suis jeune!... D'ailleurs, il vous hait, il vous abhorre! il me l'a dit, et il ne veut pas d'une femme capable d'une trahison aussi noire que l'est la vôtre envers mon père.

GERTRUDE.

Aux yeux de Ferdinand, mon amour sera mon absolution.

PAULINE.

Il partage mes sentiments pour vous: il vous méprise, madame.

GERTRUDE.

Vous croyez? eh bien, ma chère, c'est une raison de plus! Si je ne le voulais pas par amour, Pauline, tu me le ferais vouloir pour mari, par vengeance. En venant ici, ne savait-il pas qui j'étais ?

PAULINE.

Vous l'aurez pris à quelque piége, comme celui que vous venez de nous tendre, et où nous sommes tombés.

GERTRUDE.

Tenez, ma chère, un seul mot va tout finir entre nous. Ne vous êtes vous pas dit cent fois, mille fois dans ces moments où l'on se sent tout âme, que vous feriez les plus grands sacrifices à Ferdinand ?

PAULINE.

Oui, madame.

GERTRUDE.

Comme quitter votre père, la France! donner votre vie, votre honneur, votre salut.

PAULINE.

Oh! l'on cherche si l'on a quelque chose de plus à offrir que soi, la terre et le ciel.

GERTRUDE.

Eh bien ! ce que vous avez souhaité, je l'ai fait moi! C'est assez vous dire que rien ne peut m'arrêter, pas même la mort.

PAULINE.

C'est donc vous qui m'aurez autorisée à me défendre! (*à part.*) O Ferdinand! notre amour, (*Gertrude va s'asseoir sur le canapé pendant l'aparté de Pauline.*) elle le dit, est plus que la vie! (*à Gertrude.*) Madame, tout le mal que vous m'avez fait vous le réparerez; les difficultés, les seules qui s'opposent à mon mariage avec Ferdinand, vous les vaincrez... Oui, vous qui avez tout pouvoir sur mon père, vous lui ferez abjurer sa haine pour le fils du général Marcandal.

GERTRUDE.

Ah! très-bien.

PAULINE.

Oui madame.

GERTRUDE.

Et quels moyens formidables avez-vous pour me contraindre?

PAULINE.

Nous nous faisons, vous le savez, une guerre de Sauvages?...

GERTRUDE.

Dites de femmes, c'est plus terrible! Les Sauvages ne font souffrir que le corps ; tandis que nous, c'est au cœur, à l'amour-propre, à l'orgueil, à l'âme que nous adressons nos flèches, nous les enfonçons en plein bonheur.

PAULINE.

Oh! c'est bien tout cela, c'est toute la femme que j'attaque!

Aussi, chère et très honorée belle-mère, aurez vous fait disparaître demain, pas plus tard, les obstacles qui me séparent de Ferdinand ; ou bien, mon père saura par moi toute votre conduite, avant et après votre mariage.

GERTRUDE.

Ah ! c'est là votre moyen. Pauvre fille ! il ne vous croira jamais.

PAULINE.

Oh ! je connais quel est votre empire sur mon pauvre père, mais j'ai des preuves.

GERTRUDE.

Des preuves, des preuves !...

PAULINE.

Je suis allée chez Ferdinand... (je suis très-curieuse), et j'ai trouvé vos lettre, madame; j'en ai pris contre lesquelles l'aveuglement de mon père ne tiendra pas, car elles lui prouveront...

GERTRUDE.

Quoi ?

PAULINE.

Tout ! tout !

GERTRUDE.

Mais ! malheureuse enfant ! c'est un vol et un assassinat !... à son âge ?...

PAULINE.

Ne venez-vous pas d'assassiner mon bonheur ?... de me faire nier, à mon père et à Ferdinand, mon amour, ma gloire, ma vie ?

GERTRUDE.

Oh ! oh ! c'est une ruse, elle ne sait rien ! (*Haut.*) C'est une ruse, je n'ai jamais écrit... C'est faux... c'est impossible... Où sont ces lettres ?

PAULINE.

Je les ai !

GERTRUDE.

Dans ta chambre ?

PAULINE.

Là où elles sont, vous ne pourriez jamais les prendre.

GERTRUDE, *à part.*

La folie, avec ses rêves insensées, danse autour de ma cervelle !... Le meurtre m'agite les doigts... C'est dans ces moments-là qu'on tue !... Ah ! comme je la tuerais... Oh ! mon Dieu, mon Dieu ! ne m'abandonnez pas, laissez-moi ma raison ?... Voyons !

PAULINE, *à part.*

Oh ! merci, Ferdinand ! Je vois combien tu m'aimes : j'ai pu lui rendre tout le mal qu'elle nous a fait tout à l'heure... Et... elle nous sauvera !...

GERTRUDE, *à part.*

Elle doit les avoir sur elle, comment en être sûre ? Ah ! (*Elle se rapproche*). Pauline!... Si tu avais eu ces lettres depuis longtemps, tu aurais su que j'aimais Ferdinand, tu ne les as donc pris que depuis peu.

PAULINE.

Ce matin!

GERTRUDE.

Tu ne les as pas toutes lues?

PAULINE.

Oh! assez pour savoir qu'elles vous perdent.

GERTRUDE.

Pauline, la vie commence pour toi. (*On frappe.*) Ferdinand est le premier homme, jeune, bien élevé, supérieur, car il est supérieur, qui se soit offert à tes regards; mais il y en a bien d'autres dans le monde... Ferdinand était en quelque sorte sous notre toit, tu le voyais tous les jours; c'est donc sur lui que se sont portés les premiers mouvements de ton cœur. Je conçois cela, c'est tout naturel! A ta place, j'eusse sans doute éprouvé les mêmes sentiments. Mais, ma petite, tu ne connais, toi, ni la société, ni la vie. Et si, comme beaucoup de femmes, tu te trompais, car on se trompe, va. Toi, tu peux choisir encore; mais, pour moi, tout est dit, je n'ai plus de choix à faire. Ferdinand est tout pour moi, car j'ai passé trente ans, et je lui ai sacrifié ce qu'on ne devrait jamais faire, l'honneur d'un vieillard. Tu as le champ libre, tu peux aimer quelqu'un encore, mieux que tu n'aimes aujourd'hui... cela nous arrive. Eh bien! renonce à lui? et tu ne sais quelle esclave dévouée tu auras en moi? tu auras plus qu'une mère, plus qu'une amie, tu auras une âme damnée... Oh! tiens!... (*Elle se met à genoux et lève les mains sur le corsage de Pauline.*) Me voici à tes pieds, et tu es ma rivale!... suis-je assez humiliée? et si tu savais ce que cela coûte à une femme... Grâce, grâce pour moi. (*On frappe très-fort, elle profite de l'effroi de Pauline pour tâter les lettres.*) Rends-moi la vie... (*A part.*) Elle les a.

PAULINE.

Eh! laissez-moi, madame! Ah! faut-il que j'appelle! (*Elle repousse Gertrude et va ouvrir.*)

GERTRUDE, *à part.*

Je ne me trompais pas, elles sont sur elle; mais il ne faut pas les lui laisser une heure.

SCÈNE VIII.

LES MÊMES, LE GÉNÉRAL, VERNON.

LE GÉNÉRAL.

Enfermées toutes deux! Pourquoi ce cri, Pauline?

VERNON.

Votre figure est bien altérée, mon enfant. Voyons votre pouls?

LE GÉNÉRAL.

Toi aussi, tu es bien émue!

GERTRUDE.

C'est une plaisanterie, nous étions à rire. N'est-ce pas, Pauline... tu riais, ma petite?

PAULINE.

Oui, papa. Ma chère maman et moi, nous étions en train de rire.

VERNON, *bas à Pauline.*

Un bien gros mensonge!...

LE GÉNÉRAL.

Vous n'entendiez pas frapper?...

PAULINE.

Nous avons bien entendu, papa; mais nous ne savions pas que c'était toi.

LE GÉNÉRAL, *à Vernon.*

Comme elles s'entendent contre moi! (*Haut.*) Mais de quoi s'agissait-il donc?

GERTRUDE.

Eh! mon Dieu! mon ami, vous voulez tout savoir: les tenans, les aboutissants, à l'instant!... Laissez-moi aller sonner pour le thé.

LE GÉNÉRAL.

Mais enfin!

GERTRUDE.

C'est d'une tyrannie! Eh bien! nous nous sommes enfermées pour ne pas être surprises, est-ce clair?

VERNON.

Dame! c'est très-clair.

GERTRUDE, *bas.*

Je voulais tirer de votre fille ses secrets, car elle en a, c'est évident! et vous êtes venu, vous dont je m'occupe, car ce n'est pas mon enfant; vous arrivez, comme si vous chargiez sur des ennemis, nous interrompre au moment où j'allais savoir quelque chose.

LE GÉNÉRAL.

Madame la comtesse de Grandchamp, depuis l'arrivée de Godard...

GERTRUDE.

Allons, voilà Godard, maintenant.

LE GÉNÉRAL.

Ne ridiculisez pas ce que je vous dis! Depuis hier, rien ne se passe ici comme à l'ordinaire! Et, sacrebleu, je veux savoir...

GERTRUDE.

Oh! des jurons, c'est la première fois que j'en entends, monsieur. Félix, le thé. Vous lassez-vous donc de douze ans de bonheur.

LE GÉNÉRAL.

Je ne suis pas et ne serai jamais un tyran. Tout à l'heure,

j'arrivais mal à propos quand vous causiez avec Ferdinand! J'arrive encore mal à propos quand vous causez avec ma fille... Enfin, cette nuit...

VERNON.

Allons, général, vous querellerez madame tant que vous voudrez, excepté devant du monde. (*On entend Godard.*) J'entends Godard. (*Bas au Général.*) Est-ce là ce que vous m'aviez promis? Avec les femmes, et j'en ai bien confessé comme médecin, avec elles, il faut les laisser se trahir, les observer... Autrement, la violence amène les larmes, et une fois le système hydraulique en jeu, elles noyeraient des hommes de la force de trois Hercules.

SCENE IX.

LES MÊMES, GODARD.

GODARD.

Mesdames, je suis déjà venu pour vous présenter mes hommages et mes respects, mais j'ai trouvé porte close... Général, je vous souhaite le bonjour. (*Le général lit les journaux et salue de la main.*) Ah! voilà mon adversaire d'hier. Vous venez prendre votre revanche, docteur?

VERNON.

Non, je viens prendre le thé.

GODARD.

Ah! vous avez ici cette habitude anglaise, russe et chinoise.

PAULINE.

Préférez-vous le café?

GERTRUDE.

Marguerite, du café.

GODARD.

Non, non, permettez-moi de prendre du thé; je ne ferai pas comme tous les jours... D'ailleurs vous déjeunez, je le vois, à midi, le café au lait me couperait l'appétit pour le déjeuner. Et puis les Anglais, les Russes et les Chinois n'ont pas tout à fait tort.

VERNON.

Le thé, monsieur, est une excellente chose.

GODARD.

Quand il est bon.

PAULINE.

Celui-ci, monsieur, est du thé de caravane.

GERTRUDE.

Docteur, tenez, voilà les journaux. (*A Pauline.*) Va causer avec monsieur de Rimonville, mon enfant; moi, je ferai le thé.

GODARD.

Mademoiselle de Grandchamp ne veut peut-être pas plus de ma conversation que de ma personne?...

PAULINE.

Vous vous trompez, monsieur.

LE GÉNÉRAL.

Godard.

PAULINE.

Si vous me faites la faveur de ne plus vouloir de moi pour femme, vous possédez alors à mes yeux les qualités brillantes qui doivent séduire mesdemoiselles Boudeville, Clinville, Derville, et cætera.

GODARD.

Assez, mademoiselle. Ah! comme vous vous moquez d'un amoureux éconduit qui cependant a 40,000 fr. de rentes. Plus je reste ici, plusj'ai de regrets. Quel heureux homme que M. Ferdinand de Charny!

PAULINE.

Heureux? et de quoi? pauvre garçon! d'être le commis de mon père.

GERTRUDE.

Monsieur de Rimonville.

LE GÉNÉRAL.

Godard...

GERTRUDE.

Monsieur de Rimonville...

LE GÉNÉRAL.

Godard, ma femme vous parle.

GERTRUDE.

Aimez-vous le thé peu ou beaucoup sucré?

GODARD.

Médiocrement.

GERTRUDE.

Pas beaucoup de crême?

GODARD.

Au contraire, beaucoup, madame la comtesse. (*A Pauline.*) Ah! monsieur Ferdinand n'est pas celui qui... que vous avez distingué... Eh bien! moi, je puis vous assurer qu'il est fort du goût de votre belle-mère.

PAULINE.

Quelle peste que ces curieux de province!

GODARD.

Il faut que je m'amuse un peu avant de prendre congé! Je veux faire mes frais.

GERTRUDE.

Monsieur de Rimonville? si vous désirez quelque chose de substantiel, voilà des sandwich.

GODARD.

Merci, madame!

GERTRUDE, *à Godard.*

Tout n'est pas perdu pour vous.

GODARD.

Oh! madame! j'ai fait bien des réflexions sur le refus de mademoiselle de Grandchamp.

GERTRUDE.

Ah! (*Au Docteur.*) Docteur! le vôtre comme à l'ordinaire?...

LE DOCTEUR.

S'il vous plaît, madame?

GODARD.

Pauvre garçon, avez-vous dit mademoiselle?... Mais monsieur Ferdinand n'est pas si pauvre que vous le croyez! il est plus riche que moi.

PAULINE.

D'où savez-vous cela?

GODARD.

J'en suis certain, et je vais tout vous expliquer. Ce monsieur Ferdinand, que vous croyez connaître, est un garçon excessivement dissimulé...

PAULINE, *à part.*

Grand Dieu! saurait-il son nom?

GERTRUDE, *à part.*

Quelques gouttes d'opium versées dans son thé l'endormiront, et je serai sauvée.

GODARD.

Vous ne vous doutez pas de ce qui m'a mis sur la voie...

PAULINE.

Oh! monsieur! de grâce?...

GODARD.

C'est le procureur du roi. Je me suis souvenu que chez les Boudeville, on disait que votre commis...

PAULINE, *à part.*

Il me met au supplice.

GERTRUDE.

Tiens, Pauline!

VERNON, *à part.*

Ai-je la berlue? j'ai cru lui voir mettre quelque chose dans la tasse de Pauline.

PAULINE.

Et que disait-on?

GODARD.

Ah! ah! comme vous m'écoutez!... Je serais bien flatté de savoir que vous auriez cet air-là pendant que quelqu'un vous parlerait de moi, comme je vous parle de M. Ferdinand.

PAULINE.

Quel singulier goût a le thé! Trouvez-vous le vôtre bon?

GODARD.

Vous vous en prenez à votre thé pour cacher l'intérêt que vous prêtez à ce que je vous dis. C'est connu ! Eh bien ! je vais exciter votre surprise à un haut degré.... Apprenez que M. Ferdinand est...

PAULINE.

Est...

GODARD.

Millionnaire !

PAULINE.

Vous vous moquez de moi, monsieur Godard.

GODARD.

Sur ma parole d'honneur, mademoiselle, il possède un trésor... (*A part.*) Elle est folle de lui.

PAULINE.

Quelle peur ce sot m'a faite ! (*Elle se lève avec sa tasse que Vernon saisit.*)

VERNON.

Donnez, mon enfant.

LE GÉNÉRAL, *à sa femme.*

Qu'as-tu, chère amie tu me sembles?...

VERNON, *il a changé sa tasse contre celle de Pauline et rend la sienne à Gertrude, à part.*

C'est du laudanum, la dose est légère heureusement ; allons, il va se passer ici quelque chose d'extraordinaire... (*A Godard.*) Monsieur Godard?... vous êtes un rusé compère. (*Godard prend son foulard et fait le geste de se moucher, Vernon rit.*) Ah !

GODARD.

Docteur ! sans rancune.

VERNON.

Voyons? vous sentez-vous capable d'emmener le général à l'instant à la fabrique, et de l'y retenir une heure?...

GODARD.

Il me faudrait le petit.

VERNON.

Il est à l'école jusqu'au dîner.

GODARD.

Et pourquoi voulez-vous?

VERNON.

Je vous en prie, vous êtes un galant homme, il le faut... Aimez-vous Pauline?

GODARD.

Oh ! je l'aimais hier, mais ce matin... (*A part.*) Je devinerai bien ce qu'il me cache. (*A Vernon.*) Ce sera fait ! je vais aller au perron, je rentrerai dire au général que Ferdinand le demande ; et soyez tranquille... Ah ! voilà Ferdinand, bon ! (*Il va au perron.*)

PAULINE.

C'est singulier, comme je me sens engourdie. (*Elle s'étend pour dormir, Ferdinand paraît et cause avec Godard.*)

SCÈNE X.

LES MÊMES, FERDINAND.

FERDINAND.

Général, il serait nécessaire que vous vinssiez au magasin et à la fabrique pour faire la vérification des comptes que je vous rends.

LE GÉNÉRAL.

C'est juste !

PAULINE, *assoupie.*

Ferdinand !

GODARD.

Ah ! général, je profiterai de cette occasion pour visiter avec vous votre établissement que je n'ai jamais vu.

LE GÉNÉRAL.

Et bien, venez Godard.

GODARD.

De Rimonville.

GERTRUDE.

Ils s'en vont, le hasard me protége.

VERNON.

Le hasard !... c'est moi...

SCENE XI.

GERTRUDE, VERNON, PAULINE, MARGUERITE *est au fond.*

GERTRUDE.

Docteur, voulez-vous une autre tasse de thé ?

VERNON.

Merci, je suis tellement enfoncé dans les élections que je n'ai pas fini la première.

GERTRUDE, *en montrant Pauline.*

Oh ! la pauvre enfant, la voilà qui dort.

LE DOCTEUR.

Comment ! elle dort.

GERTRUDE.

Cela n'est pas étonnant. Figurez-vous, docteur, qu'elle ne s'est pas endormie avant trois heures du matin. Nous avons eu cette nuit une alerte.

LE DOCTEUR.

Je vais vous aider.

GERTRUDE.

Non, c'est inutile. Marguerite, aidez-moi ? entrons-la dans sa chambre, elle y sera mieux.

SCENE XII.

VERNON, FÉLIX.

VERNON.

Félix !

FÉLIX.

Monsieur, qu'y a-t-il pour votre service ?

VERNON.

Se trouve-t-il ici quelque armoire où je puisse serrer quelque chose ?

FÉLIX, *montrant l'armoire.*

Là, monsieur.

VERNON.

Bon ! Félix ?... ne dis pas pas un mot de ceci à qui que ce soit au monde. (*A part.*) Il s'en souviendra. (*Haut.*) C'est un tour que je veux jouer au général, et ce tour là manquerait, si tu parlais.

FÉLIX.

Je serai muet comme un poisson. (*Le Docteur prend la clef du meuble.*)

LE DOCTEUR.

Maintenant, laisse-moi seul avec ta maîtresse qui va revenir, et veille à ce que personne ne vienne pendant un moment.

FÉLIX, *sortant.*

Marguerite avait raison : il y a quelque chose, c'est sûr.

MARGUERITE *revient.*

Ce n'est rien, mademoiselle dort. (*Elle sort.*)

SCÈNE XIII.

LE DOCTEUR.

Ce qui peut brouiller deux femmes vivant en paix jusqu'à présent?... Oh! tous les médecins, tant soit peu philosophes, le savent. Pauvre général, qui, toute sa vie, n'a pas eu d'autre idée que d'éviter le sort commun. Mais je ne vois personne que Ferdinand et moi... Moi, ce n'est pas probable ; mais Ferdinand... je n'ai rien encore aperçu... Je l'entends ! A l'abordage !...

SCÈNE XIV.

VERNON, GERTRUDE.

GERTRUDE.

Ah ! je les ai... je vais les brûler dans ma chambre... (*Elle rencontre Vernon.*) Ah !

VERNON.

Madame j'ai renvoyé tout le monde.

GERTRUDE.

Et pourquoi ?

VERNON.

Pour que nous soyons seuls à nous expliquer...

GERTRUDE.

Nous expliquer!... de quel droit, vous, vous le parasite de la maison, prétendez-vous avoir une explication avec la comtesse de Grandchamp?

VERNON.

Parasite, moi! madame, j'ai dix mille livres de rentes outre ma pension ; j'ai le grade de général, et ma fortune sera léguée aux enfants de mon vieil ami! Moi, parasite! Oh! mais je ne suis pas seulement ici comme ami, j'y suis encore comme médecin: vous avez versé des gouttes de Rousseau dans le thé de Pauline.

GERTRUDE.

Moi?

LE DOCTEUR.

Je vous ai vue, et j'ai la tasse.

GERTRUDE.

Vous avez la tasse?... je l'ai lavée.

VERNON.

Oui, la mienne que je vous ai donnée!... Ah! je ne lisais pas le journal, je vous observais.

GERTRUDE.

Oh! monsieur, quel métier!

LE DOCTEUR.

Avouez que ce métier vous est en ce moment bien salutaire, car vous allez peut-être avoir besoin de moi, si par l'effet de ce breuvage Pauline se trouvait gravement indisposée.

GERTRUDE.

Gravement indisposée... mon Dieu, Docteur, je n'ai mis que quelque gouttes.

VERNON.

Ah! vous avez donc mis de l'opium dans son thé.

GERTRUDE.

Docteur... vous êtes un infâme!

VERNON.

Pour avoir obtenu de vous cet aveu...dans le même cas, toutes les femmes me l'ont dit, j'y suis accoutumé. Mais ce n'est pas tout, et vous avez bien d'autres confidences à me faire.

GERTRUDE, *à part.*

Un espion! il ne me reste plus qu'à m'en faire un complice. (*Haut.*) Docteur, vous pouvez m'être trop utile pour que nous restions brouillés; dans un moment, je vais vous répondre avec franchise. (*Elle entre dans sa chambre et s'y renferme.*)

VERNON.

Le verrou mis! Je suis pris, joué! Je ne pouvais pas après tout employer la violence... Que fait-elle?... elle va cacher son flacon d'opium... On a toujours tort de rendre à un homme, les services que mon vieil ami, ce pauvre général, a exigé de moi... Elle va m'entortiller... ah! la voici.

GERTRUDE, *à part.*

Brûlées !... Plus de traces... je suis sauvée!.. (*Haut.*) Docteur !

VERNON.

Madame.

GERTRUDE.

Ma belle-fille Pauline, que vous croyez être une jeune fille candide, un ange, s'était emparée lâchement, par un crime, d'un secret dont la découverte compromettait l'honneur, la vie de quatre personnes.

VERNON.

Quatre. (*A part.*) Elle, le général... ah ! son fils peut-être... et l'inconnu.

GERTRUDE.

Ce secret sur lequel elle est forcée de se taire, quand même il s'agirait de sa vie à elle...

VERNON.

Je n'y suis plus.

GERTRUDE.

Eh bien! les preuves de ce secret sont anéanties ! Et vous docteur, vous, qui nous aimez, vous seriez aussi lâche, aussi infâme qu'elle... plus même, car vous êtes un homme, vous n'avez pas pour excuse les passions insensées de la femme !... vous seriez un monstre, si vous faisiez un pas de plus dans la voie où vous êtes.

VERNON.

L'intimidation ! Ah! madame, depuis qu'il y a des sociétés, ce que vous semez n'a fait lever que des crimes.

GERTRUDE.

Eh ! il y a quatre existences en peril, songez-y. (*A part.*) Il revient... (*Haut.*) Aussi, forte de ce danger, vous déclarè-je que vous m'aiderez à maintenir la paix ici, que tout à l'heure vous irez chercher ce qui peut faire cesser le sommeil de Pauline! Et ce sommeil? vous l'expliquerez vous-même, au besoin, au général. Puis, vous me rendrez la tasse, n'est-ce pas, car vous me la rendrez ! Et à chaque pas que nous ferons ensemble, eh bien ! je vous expliquerai tout.

VERNON.

Madame.

GERTRUDE.

Allez donc, le général peut revenir.

VERNON, *à part.*

Je te tiens toujours ! j'ai une arme contre toi, et... (*Il sort.*)

SCÈNE XV.

GERTRUDE, *seule, appuyée sur le meuble où est enferme la tasse*

Où peut-il avoir caché cette tasse ?

ACTE IV.

SCÈNE I.

PAULINE, GERTRUDE, *Pauline endormie dans un grand fauteuil à gauche.*

GERTRUDE, *entrant avec précaution.*

Elle dort toujours, et le docteur qui m'avait dit qu'elle s'éveillerait aussitôt... Ce sommeil m'effraye!.. Voilà donc celle qu'il aime!.. Je ne la trouve pas jolie du tout!.. Oh! si cependant elle est belle!.. Mais comment les hommes ne voient ils pas que la beauté n'est qu'une promesse, et que l'amour est le... (*On frappe.*) Allons, voilà du monde.

LE DOCTEUR, *du dehors.*

Peut-on entrer, Pauline?

GERTRUDE.

C'est le docteur!

SCENE II.

LES MÊMES VERNON.

GERTRUDE.

Vous m'aviez dit qu'elle était éveillée.

VERNON.

Rassurez-vous... Pauline?

PAULINE.

Monsieur Vernon!.. où suis-je? ah! chez moi... que m'est-il arrivé?

VERNON.

Mon enfant, vous vous êtes endormie en prenant votre thé. Madame de Grandchamp a eu peur, comme moi, que ce ne fût le commencement d'une indisposition; mais il n'en est rien, c'est tout bonnement, à ce qu'il paraît, le résultat d'une nuit passée sans sommeil.

GERTRUDE.

Eh! bien, Pauline, comment te sens-tu?

PAULINE.

J'ai dormi!.. Et madame était ici pendant que je dormais... (*Elle se lève.*) Ah! (*Elle met la main sur sa poitrine.*) Ah! c'est infâme! (*Au Docteur.*) Docteur, auriez vous été complice de...

GERTRUDE.

De quoi?.. qu'allez-vous lui dire?

VERNON.

Moi, mon enfant, complice d'une mauvaise action? et contre vous, que j'aime comme si vous étiez ma fille, allons donc!... Voyons, dites-moi...

PAULINE.

Rien, docteur, rien!

GERTRUDE.

Laissez-moi lui dire deux mots.

VERNON *à part*

Quel est donc l'intérêt qui peut empêcher une jeune fille de parler, quand elle est victime d'un pareil guet-apens.

GERTRUDE.

Eh! bien, Pauline, vous n'avez pas eu longtemps en votre possession les preuves de l'accusation ridicule que vous vouliez porter à votre père contre moi!

PAULINE.

Je comprends tout, vous m'avez endormie pour me dépouiller.

GERTRUDE.

Nous sommes aussi curieuses l'une que l'autre, voilà tout. J'ai fait ici ce que vous avez fait chez Ferdinand.

PAULINE.

Vous triomphez, madame, mais bientôt ce sera moi.

GERTRUDE.

Ah! la guerre continue.

PAULINE.

La guerre, madame?... dites le duel! L'une de nous est de trop.

GERTRUDE.

Vous êtes tragique!

VERNON, *à part.*

Pas d'éclats, pas la moindre mésintelligence apparente! ah! quelle idée!... Si j'allais chercher Ferdinand? (*Il veut sortir.*

GERTRUDE.

Docteur!

VERNON.

Madame?

GERTRUDE.

Nous avons à causer ensemble. (*Bas.*) Je ne vous quitte pas que vous ne m'ayez rendu...

VERNON.

J'ai mis une condition...

PAULINE.

Docteur!

VERNON.

Mon enfant?

PAULINE.

Savez-vous que mon sommeil n'a pas été naturel?

VERNON.

Oui, vous avez été endormie par votre belle-mère, j'en ai la preuve... Mais, vous, savez-vous pourquoi?

PAULINE.

Oh ! docteur ! c'est...

GERTRUDE.

Docteur !

PAULINE.

Plus tard, je vous dirai tout.

VERNON.

Maintenant, de l'une ou de l'autre, j'apprendrai quelqre chose... Ah pauvre général !

GERTRUDE.

Eh bien ! docteur ?

SCÈNE III.

PAULINE, *seule, elle sonne.*

Oui, fuir avec lui, voilà le seul parti qui me reste. Si nous continuons ce duel, ma belle-mère et moi, mon pauvre père est déshonoré ; ne vaut-il pas mieux lui désobéir, et, d'ailleurs, je vais lui écrire... Je serai généreuse, puisque je triompherai d'elle... Je laisserai mon père croire en elle, et j'expliquerai ma fuite par la haine qu'il porte au nom de Marcandal, et par mon amour pour Ferdinand.

SCENE IV.

PAULINE, MARGUERITE.

MARGUERITE.

Mademoiselle se trouve-t-elle bien ?

PAULINE.

Oui, de corps ; mais d'esprit... Oh ! je suis au désespoir. Ma pauvre Marguerite, une fille est bien malheureuse quand elle a perdu sa mère...

MARGUERITE.

Et que son père s'est remarié avec une femme comme madame de Grandchamp. Mais mademoiselle, ne suis-je donc pas pour vous une humble mère, une mère dévouée ? car mon affection de nourrice s'est accrue de toute la haine que vous porte cette marâtre.

PAULINE.

Toi, Marguerite !... tu le crois ! mais tu t'abuses. Tu ne m'aimes pas tant que ça !

MARGUERITE.

Oh mademoiselle ! mettez-moi à l'épreuve.

PAULINE.

Voyons ?... quitterais-tu pour moi, la France ?

MARGUERITE.

Pour aller avec vous, j'irais aux Grandes-Indes.

PAULINE.

Et sur-le-champ ?

MARGUERITE.

Sur-le-champ !... Ah ! mon bagage n'est pas lourd.

PAULINE.

Eh bien ! Marguerite, nous partirons cette nuit, secrètement.

MARGUERITE.

Nous partirons, et pourquoi ?

PAULINE.

Pourquoi? Tu ne sais pas que madame de Grandchamp m'a endormie.

MARGUERITE.

Je le sais, mademoiselle, et M. Vernon aussi; car Félix m'a dit qu'il a mis sous clef la tasse où vous avez bu votre thé... mais pourquoi ?

PAULINE.

Pas un mot là-dessus, si tu m'aimes! Et, si tu m'es dévouée comme tu le prétends, va chez toi, rasssemble tout ce que tu possèdes sans que personne puisse soupçonner que tu fais des préparatifs de voyage. Nous partirons après minuit. Tu prendras ici, et tu porteras chez toi, mes bijoux, enfin, tout ce dont je puis avoir besoin pour un long voyage... Mets-y beaucoup d'adresse, car si ma belle-mère avait le moindre indice, je serais perdue.

MARGUERITE.

Perdue !... Mais, mademoiselle, que se passe-t-il donc? songez donc : quitter la maison !...

PAULINE.

Veux-tu me voir mourir ?

MARGUERITE.

Mourir... Oh ! mademoiselle ! j'obéis.

PAULINE.

Marguerite, tu prieras M. Ferdinand de m'apporter mes revenus de l'année, qu'il vienne à l'instant.

MARGUERITE.

Il était sous vos fenêtres quand je suis venue.

PAULINE, *à part.*

Sous mes fenêtres..... Il croyait ne plus me revoir.... Pauvre Ferdinand !

SCÈNE V.

PAULINE, *seule.*

Quitter le toit paternel, je connais mon père, il me cherchera partout pendant long temps... Quels trésors a donc l'amour pour payer de pareils dettes, car je livre tout à Ferdinand, mon pays, mon père, la maison ! Mais enfin, cette infâme l'aura perdu sans retour ! D'ailleurs, je reviendrai ! Le docteur et M. Ramel obtiendront mon pardon. Je crois entendre le pas de Ferdinand... Oh! c'est bien lui!

SCÈNE VI.

PAULINE, FERDINAND.

PAULINE.

Ah! mon ami, mon Ferdinand!

FERDINAND.

Moi qui croyais ne plus te voir! Marguerite sait donc tout?

PAULINE.

Elle ne sait rien encore; mais cette nuit, elle apprendra notre fuite, car nous serons libres: tu emmèneras ta femme.

FERDINAND.

Oh! Pauline, ne me trompe pas!

PAULINE.

Je comptais bien te rejoindre là où tu te serais exilé; mais cette odieuse femme vient de précipiter ma résolution... Je n'ai plus de mérite, Ferdinand... Il s'agit de ma vie!

FERDINAND.

De ta vie!... Mais qu'a-t-elle fait?

PAULINE.

Elle a failli me tuer, elle m'a endormie afin de me prendre ses lettres que je portais sur moi! Par ce qu'elle a osé, pour te conserver, je juge de ce qu'elle ferait encore. Donc, si nous voulons être l'un à l'autre, il n'y a plus pour nous d'autre moyen que la fuite. Ainsi, plus d'adieux! Cette nuit, nous serons réfugiés..... Où?... Cela te regarde.

FERDINAND.

Ah! c'est à devenir fou de joie!

PAULINE.

Oh! Ferdinand! prends bien toutes les précautions, cours à Louviers, chez ton ami, le procureur du roi, car ne faut-il pas une voiture, des passeports?.. Oh! que mon père, excité par cette marâtre, ne puisse pas nous rejoindre! il nous tuerait; car je viens de lui dire dans cette lettre le fatal secret qui m'oblige à le quitter ainsi.

FERDINAND.

Sois tranquille. Depuis hier, Eugène a tout préparé pour mon départ. Voici la somme que ton père me devait. (*Il montre un portefeuille.*) Fais-moi ta quittance, (*il met de l'or sur un guéridon*) car je n'ai plus que le compte de caisse à présenter pour être libre... Nous serons à Rouen à trois heures; et au Havre pour l'heure à laquelle part un navire américain qui retourne aux Etats-Unis. Eugène a dépêché quelqu'un de discret pour arrêter mon passage à bord. Les capitaines de ce pays-là trouvent tout naturel qu'un homme emmène sa femme, ainsi nous ne rencontrerons aucun obstacle.

SCENE VII.

Les Mêmes, GERTRUDE.

GERTRUDE.

Excepté moi!

PAULINE.

Oh! perdus!

GERTRUDE.

Ah! vous partiez sans me le dire, Ferdinand?... Oh!... j'ai tout entendu.

FERDINAND, *à Pauline.*

Mademoiselle, ayez la bonté de me donner votre quittance, elle est indispensable pour le compte que je vais rendre à monsieur votre père sur l'état de la caisse avant mon départ. (*à Gertrude.*) Madame, vous pouvez, peut être, empêcher mademoiselle de partir! mais moi, moi qui ne veux plus rester ici, je partirai.

GERTRUDE.

Vous devez y rester, et vous y resterez, monsieur.

FERDINAND.

Malgré moi?

GERTRUDE.

Ce que mademoiselle veut faire, je le ferai moi, et hardiment. Je vais faire venir monsieur de Grandchamp, et vous allez voir que vous serez obligé de partir, mais avec mon enfant et moi, (*Félix paraît.*) Priez, monsieur de Grandchamp de venir ici.

FERDINAND, *à Pauline.*

Je la devine. Retiens la, je vais rejoindre Félix, et l'empêcher de parler au général. Eugène te tracera ta conduite. Une fois loin d'ici, Gertrude ne pourra rien contre nous, (*à Gertrude,*) Adieu, madame. Vous avez attenté tout à l'heure à la vie de Pauline, vous avez ainsi rompu les derniers liens qui m'attachaient à vous.

GERTRUDE.

Vous ne savez que m'accuser!... Mais vous ignorez donc ce que Mademoiselle voulait dire à son père de vous et de moi?

FERDINAND.

Je l'aime et l'aimerai toute ma vie, je saurai la défendre contre vous, et je compte assez sur elle pour m'expatrier afin de l'obtenir. Adieu!

PAULINE.

Oh! cher Ferdinand!

SCENE VIII.

GERTRUDE, PAULINE.

GERTRUDE.

Maintenant que nous sommes seules, voulez-vous savoir pourquoi j'ai fait appeler votre père? c'est pour lui dire le nom, et quelle est la famille de Ferdinand.

PAULINE.

Madame, qu'allez vous faire? mon père en apprenant que le fils du général Marcandal a séduit sa fille, ira tout aussi promptement que Ferdinand au Hâvre... il l'atteindra, et alors...

GERTRUDE.

J'aime mieux Ferdinand mort plutôt que de le voir à une autre que moi, surtout lorsque je me sens au cœur pour cette autre, autant de haine que j'ai d'amour pour lui. Tel est le dernier mot de notre duel.

PAULINE.

Oh! madame, je suis à vos genoux, comme vous étiez naguère aux miens. Tuons-nous si vous voulez, mais ne l'assassinons pas, lui!... Oh! sa vie, sa vie au prix de la mienne.

GERTRUDE.

Eh bien! renoncez-vous à lui?

PAULINE.

Oui, madame.

GERTRUDE, *elle laisse tomber son mouchoir dans le mouvement passionné de sa phrase.*

Tu me trompes! tu me dis cela, à moi, parce qu'il t'aime, qu'il vient de m'insulter en me l'avouant, et que tu crois qu'il ne m'aimera plus jamais... Oh! non, Pauline, il me faut des gages de ta sicérité.

PAULINE, *à part.*

Son mouchoir!... et la clé de son secrétaire... C'est là qu'est renfermé le poison... Oh!... (*Haut.*) Des gages de sincérité, dites-vous?... Je vous en donnerai... Qu'exigez-vous?

GERTRUDE.

Voyons, je ne crois qu'à une seule preuve: il faut épouser cet autre.

PAULINE.

Je l'épouserai.

GERTRUDE.

Et dans l'instant même échanger vos paroles.

PAULINE.

Allez le lui annoncer vous même. Madame, venez ici avec mon père, et...

GERTRUDE.

Et...

PAULINE.

Je donnerai ma parole, c'est donner ma vie.

GERTRUDE

Comme elle dit tout cela résolument, sans pleurer!..... Elle a une arrière-pensée! (*A Pauline,*) Ainsi, tu te résignes?

PAULINE.

Oui!

GERTRUDE, *à part.*

Voyons!... (*A Pauline.*) Si tu es vraie...

PAULINE.

Vous êtes la fausseté même et vous voyez toujours le mensonge chez les autres... Ah! laissez-moi, madame, vous me faites horreur.

GERTRUDE.

Ah! elle est franche! Je vais prévenir Ferdinaud de votre résolution... (*Signe d'adhésion de Pauline.*) Mais il ne me croira pas. Si vous lui écriviez deux mots?

PAULINE.

Pour lui dire de rester... (*Elle écrit.*) Tenez, Madame.

GERTRUDE.

« J'épouse monsieur de Rimonville... Ainsi restez...Pauline!...» (*A part.*) Je n'y comprends plus rien... Je crains un piège. Oh! je vais le laisser partir, il apprendra le mariage quand il sera loin d'ici! (*Elle sort.*)

SCENE IX.

PAULINE, *seule.*

Oh! oui, Ferdinand est bien perdu pour moi... Je l'ai toujours pensé : le monde est un paradis ou un cachot ; et moi, jeune fille, je ne rêvais que le paradis. J'ai la clé du secrétaire, je puis la lui remettre après avoir pris ce qu'il faut pour en finir avec cette terrible situation... Eh bien!. . allons...

SCÈNE X.

PAULINE, MARGUERITE.

MARGUERITE.

Mademoiselle, mes malles sont faites. Je vais commencer ici.

PAULINE.

Oui...(*A part.*) Il faut la laisser faire.(*Haut.*)Tiens, Marguerite, prends cet or, et cache-le chez toi.

MARGUERITE.

Vous avez donc des raisons bien fortes de partir?

PAULINE.

Ah! ma pauvre Marguerite, qui sait si je le pourrai?... Va, continue... (*Elle sort.*)

SCENE XI.

MARGUERITE, *seule.*

Et moi qui croyais, au contraire, que la mégère ne voulait pas que Mademoiselle se mariât! Est-ce que mademoiselle m'aurait caché un amour contrarié! mais son père est si bon pour elle! il la laisse libre... Si je parlais à Monsieur... Oh! non, je ne veux pas nuire à mon enfant.

SCENE XII.

MARGUERITE, PAULINE.

PAULINE.

Personne ne m'a vue! Tiens, Marguerite, emporte d'abord l'argent, laisse-moi penser ensuite à ma résolution.

MARGUERITE.

A votre place, moi,m ademoiselle, je dirais tout à monsieur.

PAULINE.

A mon père? Malheureuse, ne me trahis pas! respectons les illusions dans lesquelles il vit.

MARGUERITE.

Ah! illusions! c'est bien le mot.

PAULINE.

Va, laisse-moi. (*Marguerite sort.*)

SCÈNE XIII.

PAULINE, *puis* VERNON.

PAULINE, *tenant le paquet qu'on a vu au premier acte.*

Voilà donc la mort!... Le docteur nous disait hier à propos de la femme à Champagne, qu'il fallait à cette terrible substance quelques heures, presqu'une nuit, pour faire ses ravages, et que, dans les premiers moments on peut les combattre ; si le docteur reste à la maison, il les combattra, (*On frappe.*) Qui est-ce?

VERNON, *du dehors.*

C'est moi!

PAULINE.

Entrez docteur! (*A part.*) La curiosité me l'amène, la curiosité le fera partir.

VERNON

Eh bien! mon enfant, entre vous et votre belle-mère, il y a donc des secrets de vie et de mort?...

PAULINE.

Oui, de mort surtout.

VERNON.

Ah! diable, cela me regarde alors. Mais voyons?... vous aurez eu quelque violente querelle avec votre belle-mère.

PAULINE.

Oh! ne me parlez plus de cette créature, elle trompe mon père.

VERNON.

Je le sais bien.

PAULINE.

Elle ne l'a jamais aimé.

VERNON.

J'en étais sûr.

PAULINE.

Elle a juré ma perte.

VERNON.

Comment, elle en veut à votre cœur ?

PAULINE.

A ma vie peut-être.

VERNON.

Oh ! quel soupçon ! Pauline, mon enfant, je vous aime, moi. Eh bien, ne peut-on vous sauver ?

PAULINE.

Pour me sauver, il faudrait que mon père eût d'autres idées. Tenez, j'aime M. Ferdinand.

VERNON.

Je le sais encore ; mais qui vous empèche de l'épouser ?

PAULINE.

Vous serez discret ! eh bien, c'est le fils du général Marcandal..

VERNON.

Ah ! bon Dieu ! si je serai discret ! mais votre père se battrait à mort avec lui, rien que pour l'avoir eu pendant trois ans sous son toit.

PAULINE.

Là, vous voyez bien qu'il n'y a pas d'espoir. (*Elle tombe accablée dans un fauteuil à gauche.*)

VERNON.

Pauvre fille ! allons, une crise ! (*Il sonne et appelle.*) Marguerite, Marguerite !

SCÈNE XIV.

LES MÊMES, GERTRUDE, MARGUERITE, LE GÉNÉRAL.

MARGUERITE, *accourant.*

Que voulez-vous, monsieur ?

VERNON.

Préparez une théyère d'eau bouillante, où vous ferez infuser quelques feuilles d'oranger.

GERTRUDE.

Qu'as-tu, Pauline ?

LE GÉNÉRAL.

Ma fille, chère enfant !

GERTRUDE.

Ce n'est rien !... Oh ! nous connaissons cela... c'est de voir sa vie décidée...

VERNON, *au Général.*

Sa vie décidée... Et qu'y a-t-il ?

LE GÉNÉRAL.

Elle épouse Godard ! (*A part.*) Il parait q'uelle renonce à quelque amourette dont elle ne veut pas me parler, à ce que dit ma femme, car le quidam serait inacceptable, et elle n'a découvert l'indignité de ce drôle qu'hier...

VERNON.

Et vous croyez cela?... Ne précipitez rien, général. Nous en causerons ce soir... (*A part.*) Oh! je vais parler à madame de Grandchamp...

PAULINE, *à Gertrude.*

Le docteur sait tout...

GERTRUDE.

Ah!

PAULINE. (*Elle remet le mouchoir et la clef dans la poche de Gertrude, pendant que Gertrude regarde Vernon qui cause avec le Général.*)

Éloignez-le, car il est capable de dire tout ce qu'il sait à mon père, et il faut au moins sauver Ferdinand...

GERTRUDE, *à part.*

Elle a raison!... Docteur, on vient de me dire que François, un de nos meilleurs ouvriers, est tombé malade hier; on ne l'a pas vu ce matin, vous devriez bien l'aller visiter...

LE GÉNÉRAL.

François!... Oh! vas-y, Vernon...

VERNON.

Ne demeure-t-il pas au Pré-l'Évêque?... (*A part.*) A plus de trois lieues d'ici...

LE GÉNÉRAL.

Tu ne crains rien pour Pauline?

VERNON.

C'est une simple attaque de nerfs.

GERTRUDE.

Oh! je puis, n'est-ce pas, docteur, je puis vous remplacer sans danger?...

VERNON.

Oui, madame. (*Au Général.*) Je gage que François est malade comme moi!... On me trouve trop clairvoyant, et l'on me donne une mission...

LE GÉNÉRAL, *s'emportant.*

Quoi?... Qu'est-ce que tu veux dire?...

VERNON.

Allez-vous vous emporter encore?... Du calme, mon vieil ami, ou vous vous prépareriez des remords éternels...

LE GÉNÉRAL.

Des remords...

VERNON.

Amuse le tapis, je reviens.

LE GÉNÉRAL.

Mais...

GERTRUDE.

Eh bien, comment te sens-tu, mon petit ange?

LE GÉNÉRAL.

Mais, regarde-les?..

VERNON.

Eh! les femmes s'assassinent en se caressant.

SCENE XV.

LES MÊMES, *moins* VERNON, *puis* MARGUERITE.

GERTRUDE, *au général qui est resté comme abasourdi par le dernier mot de Vernon.*

Eh! bien, qu'avez-vous?

LE GÉNÉRAL, *passant devant Gertrude pour aller à Pauline.*

Rien!... rien!.... Voyons, ma Pauline, épouses-tu Godard de ton plein gré?

PAULINE.

De mon plein gré.

GERTRUDE, *à part.*

Ah!

LE GÉNÉRAL.

Il va venir.

PAULINE.

Je l'attends!

LE GÉNÉRAL, *à part.*

Il y a bien du dépit dans ce mot-là. (*Marguerite paraît avec une tasse.*)

GERTRUDE.

C'est trop tôt, Marguerite, l'infusion ne sera pas assez forte!... (*Elle goûte.*) Je vais aller arranger cela moi-même.

MARGUERITE.

J'ai cependant l'habitude de soigner mademoiselle.

GERTRUDE.

Marguerite, que signifie le ton que vous prenez?

MARGUERITE.

Mais... madame...

LE GÉNÉRAL.

Marguerite, encore un mot et nous nous brouillerons ma vieille.

PAULINE.

Allons, Marguerite, laisse faire madame de Grandchamp. (*Gertrude sort avec Marguerite.*)

LE GÉNÉRAL.

Voyons, nous n'avons donc pas confiance dans notre pauvre père qui nous aime? Eh! bien, dis-moi pourquoi tu refusais si nettement Godard hier, et pourquoi tu l'acceptes aujourd'hui?

PAULINE.

Une idée de jeune fille !

LE GÉNÉRAL.

Tu n'aimes personne?

PAULINE.

C'est bien parce que je n'aime personne que j'épouse votre M. Godard. (*Gertrude rentre avec Marguerite.*)

LE GÉNÉRAL.

Ah!

GERTRUDE.

Tiens, ma chère petite, prends garde, c'est un peu chaud.

PAULINE.

Merci, ma mère!

LE GÉNÉRAL.

Sa mère!... En vérité, c'est à en perdre l'esprit!

PAULINE.

Marguerite, le sucrier? (*Elle profite du moment où Marguerite sort, et où Gertrude cause avec le général pour mettre le poison dans la tasse, et laisse tomber à terre le papier qui le contenait.*)

GERTRUDE.

Qu'avez-vous?

LE GÉNÉRAL.

Ma chère amie, je ne conçois rien aux femmes : je suis comme Godard. (*Rentre Marguerite.*)

GERTRUDE.

Vous êtes comme tous les hommes.

PAULINE.

Ah!

GERTRUDE.

Qu'as-tu, mon enfant?

PAULINE.

Rien!... rien!

GERTRUDE.

Je vais te préparer une seconde tasse...

PAULINE.

Oh! non, madame... celle-ci suffit. Il faut attendre le docteur. (*Elle a posé la tasse sur un guéridon.*)

SCENE XVI.

LES MÊMES, GODARD, FÉLIX.

FÉLIX.

M. Godard demande s'il peut être reçu? (*Du regard on interroge Pauline pour savoir s'il peut entrer.*)

PAULINE.

Certainement!

LE GÉNÉRAL.

Que vas-tu lui dire?

PAULINE.

Vous allez voir.

GODARD, *entrant.*

Ah! mon Dieu, mademoiselle est indisposée, j'ignorais, et je vais... (*On lui fait signe de s'asseoir.*) Mademoiselle, permettez-moi de vous remercier avant tout de la faveur que vous me faites en me recevant dans le sanctuaire de l'innocence. Madame de Grandchamp et M. votre père viennent de m'apprendre une nouvelle qui m'aurait comblé de joie hier, mais qui, je l'avoue, m'étonne aujourd'hui.

LE GÉNÉRAL.

Qu'est-ce à dire, M. Godard?

PAULINE.

Ne vous fâchez pas, mon père: monsieur a raison. Vous ne savez pas tout ce que je lui ai dit hier.

GODARD.

Vous êtes trop spirituelle, mademoiselle, pour ne pas trouver toute simple la curiosité d'un honnête jeune homme qui a quarante mille livres de rentes et des économies, de savoir les raisons qui le font accepter à vingt-quatre heures d'échéance d'un refus... car, hier, c'était à cette heure-ci... (*Il tire sa montre.*) Cinq heures et demie que vous...

LE GÉNÉRAL.

Comment? vous n'êtes donc pas amoureux comme vous le disiez? Vous allez quereller une adorable fille au moment où elle vous...

GODARD.

Je ne querellerais pas, s'il ne s'agissait pas de se marier. Un mariage, général, est une affaire en même temps que l'effet d'un sentiment.

LE GÉNÉRAL.

Pardonnez-moi, Godard, je suis un peu vif, vous le savez?

PAULINE, *à Godard.*

Monsieur... (*A part.*) oh! quelles souffrances... Monsieur, pourquoi les pauvres jeunes filles...

GODARD.

Pauvre!... non, non, mademoiselle, vous avez quatre cent mille francs...

PAULINE.

Pourquoi de faibles jeunes filles...

GODARD.

Faibles?...

PAULINE.

Allons, d'innocentes jeunes personnes ne s'inquiéteraient-elles pas un peu du caractère de celui qui se présente pour devenir leur seigneur et maître. Si vous m'aimez, vous punirez-vous?... me punirez-vous?... d'avoir fait une épreuve.

GODARD.

Ah! vu comme cela...

LE GÉNÉRAL.

Oh! les femmes! les femmes!...

GODARD.

Oh! vous pouvez bien dire aussi: Les filles! les filles!

LE GÉNÉRAL.

Oui. Allons, décidément, la mienne a plus d'esprit que son père.

SCÈNE XVII.

LES MÊMES, GERTRUDE, NAPOLÉON.

GERTRUDE.

Eh bien, monsieur Godard?

GODARD.

Ah! madame! ah! général! je suis au comble du bonheur, et mon rêve est accompli! Entrer dans une famille comme la vôtre, moi... ah! madame! ah! général! ah! mademoiselle! (*A part.*) Je veux pénétrer ce mystère, car elle m'aime très-peu.

NAPOLÉON, *entrant.*

Papa, j'ai la croix de mérite... Bonjour, maman... Où est donc Pauline?... Tiens, tu es donc malade? Pauvre petite sœur!... Dis donc, je sais d'où vient la justice?

GERTRUDE.

Qui t'a dit cela?... Oh! comme le voilà fait?

NAPOLÉON.

Le maître! Il a dit que la justice venait du bon Dieu!

GODARD.

Il n'est pas Normand, ton maître.

PAULINE, *bas à Marguerite.*

Oh! Marguerite!... ma chère Marguerite! renvoie-les.

MARGUERITE.

Messieurs, mademoiselle a besoin de repos.

LE GÉNÉRAL.

Eh bien! Pauline, nous te laissons, tu viendras dîner

PAULINE.

Si je puis... Mon père, embrassez-moi?...

LE GÉNÉRAL, *l'embrassant.*

Oh! cher ange! (*A Napoléon.*) Viens, petit. (*Ils sortent tous, moins Pauline, Gertrude et Napoléon.*)

NAPOLÉON, *à Pauline.*

Eh bien? et moi, tu ne m'embrasses pas... quequ' t'as donc?

PAULINE.

Oh ! je me meurs!

NAPOLÉON.

Est-ce qu'on meurt?... Pauline? en quoi c'est-il fait la mort ?

PAULINE.

La mort... c'est fait.... comme ça. (*Elle tombe soutenue par Marguerite.*)

MARGUERITE.

Ah ! mon Dieu ! du secours !

NAPOLÉON.

Oh! Pauline, tu me fais peur... (*En s'enfuyant.*) Maman ! maman !

ACTE V.

La chambre de Pauline.

SCENE I.

PAULINE, FERDINAND, VERNON. (*Pauline est étendue dans son lit Ferdinand tient sa main dans une pose de douleur et d'abandon complet. — C'est le moment du crépuscule, il y a encore une lampe.*

VERNON, *assis près du guéridon.*

J'ai vu des milliers de morts sur les champs de bataille, aux ambulances; et pourquoi la mort d'une jeune fille sous le toit paternel me fait-elle plus d'impression que tant de souffrances héroïques?... La mort est peut-être un cas prévu sur le champ de bataille... on y compte même ; tandis qu'ici il ne s'agit pas seulement d'une existence, c'est toute une famille que l'on voit en larmes, et des espérances qui meurent... Voilà cette enfant, que je chérissais, assassinée, empoisonnée... et par qui?... Marguerite a bien deviné l'énigme de cette lutte entre ces deux rivales...... Je n'ai pas pu l'empêcher d'aller tout dire à la justice... Pourtant, mon Dieu, j'ai tout tenté pour arracher cette vie à la mort!..... (*Ferdinand relève la tête et écoute le Docteur.*) J'ai même apporté ce poison qui pourrait neutraliser l'autre ; mais il aurait fallu le concours des princes de la science! On n'ose pas tout seul un pareil coup de dé.

FERDINAND, *se lève et va au Docteur.*

Docteur, quand les magistrats seront venus, expliquez-leur cette tentative, ils la permettront; et, tenez, Dieu, Dieu m'écoutera... il fera quelque miracle, il me la rendra !...

VERNON.

Avant que l'action du poison n'ait exercé tous ses ravages,

j'aurais osé..... maintenant, je passerais pour être l'empoisonneur. Non, ceci (*il pose un petit flacon sur la table*) est inutile, et mon dévouement serait un crime.

FERDINAND. *Il a mis un miroir devant les lèvres de Pauline.*

Mais tout est possible, elle respire encore.

VERNON.

Elle ne verra pas le jour qui se lève.

PAULINE.

Ferdinand!

FERDINAND.

Elle vient de me nommer.

VERNON.

Oh! la nature à vingt-deux ans est bien forte contre la destruction! D'ailleurs, elle conservera son intelligence jusqu'à son dernier soupir. Elle pourrait se lever, parler, quoique les souffrances causées par ce poison terrible soient inouïes.

SCENE II.

LES MÊMES, LE GÉNÉRAL, *d'abord en dehors.*

LE GÉNÉRAL.

Vernon!

VERNON, *à Ferdinand.*

Le général. (*Ferdinand tombe accablé sur un fauteuil à gauche, au fond, masqué par les rideaux du lit, à la porte.*) Que voulez-vous?

LE GÉNÉRAL.

Voir Pauline!

VERNON.

Si vous m'écoutez, vous attendrez, elle est bien plus mal.

LE GÉNÉRAL *force la porte.*

Eh! j'entre, alors.

VERNON.

Non, général, écoutez-moi.

LE GÉNÉRAL.

Non, non. Immobile, froide! Ah! Vernon!

VERNON.

Voyons, général.... (*A part.*) Il faut l'éloigner d'ici... (*Haut.*) Eh bien! je n'ai plus qu'un bien faible espoir de la sauver.

LE GÉNÉRAL.

Tu dis.... Tu m'aurais donc trompé?....

VERNON.

Mon ami, il faut savoir regarder ce lit en face, comme nous regardions les batteries chargées à mitraille!... Eh bien, dans le doute où je suis, vous devez aller... (*A part.*) Ah! quelle idée! (*Haut.*) chercher vous-même les secours de la religion.

LE GÉNÉRAL

Vernon, je veux la voir, l'embrasser.

VERNON.

Prenez garde!

LE GÉNÉRAL, *après avoir embrassé Pauline.*

Oh! glacée!

VERNON.

C'est un effet de la maladie, général... Courez au presbytère, car si je ne réussissais pas, votre fille, que vous avez élevée chrétiennement, ne doit pas être abandonnée par l'Église.

LE GÉNÉRAL.

Ah! ah! oui. J'y vais... (*Il va au lit.*)

VERNON.

Par là!

LE GÉNÉRAL.

Mon ami, je n'ai plus la tête à moi, je suis sans idées.... Vernon, un miracle!..... Tu as sauvé tant de monde, et tu ne pourrais pas sauver un enfant!

VERNON.

Viens, viens... je l'accompagne, car s'il rencontrait les magistrats, ce serait bien d'autres malheurs. (*Ils sortent.*)

SCÈNE III.

PAULINE, FERDINAND.

PAULINE.

Ferdinand!

FERDINAND.

Ah! mon Dieu! serait-ce son dernier soupir? Oh! oui, Pauline, tu es ma vie même : si Vernon ne te sauve pas, je te suivrai, nous serons réunis.

PAULINE.

Alors, j'expire sans un seul regret.

FERDINAND, *il prend le flacon.*

Ce qui t'aurait sauvée si le docteur était venu plus tôt, me délivrera de la vie.

PAULINE.

Non, sois heureux.

FERDINAND.

Jamais sans toi!

PAULINE.

Tu me ranimes.

SCÈNE IV.

LES MÊMES, VERNON.

FERDINAND.

Elle parle, ses yeux se sont r'ouverts.

VERNON.

Pauvre enfant!... elle s'endort, quel sera le réveil. (*Ferdinand reprend sa place et la main de Pauline.*)

SCÈNE V.

LES MÊMES, RAMEL, LE JUGE D'INSTRUCTION, LE GREFFIER, UN MÉDECIN, UN BRIGADIER, MARGUERITE.

MARGUERITE.

Monsieur Vernon, les magistrats sont là... Monsieur Ferdinand, retirez vous! (*Ferdinand sort à gauche.*)

RAMEL.

Veillez, brigadier, à ce que toutes les issues de cette maison soient observées, et tenez-vous à nos ordres!... Docteur, pouvons nous rester ici quelques instants sans dangers pour la malade?

VERNON.

Elle dort, monsieur; et c'est son dernier sommeil.

MARGUERITE.

Voici la tasse où se trouvent les restes de l'infusion, et qui contient de l'arsenic; je m'en suis aperçue au moment ou j'allais la prendre.

LE MÉDECIN, *examinant la tasse et goûtant le reste.*

Il est évident qu'il y a une substance vénéreuse.

LE JUGE D'INSTRUCTION.

Vous en ferez l'analyse! (*Il aperçoit Marguerite ramassant un petit papier à terre.*) Quel est ce papier?

MARGUERITE.

Oh! ce n'est rien.

RAMEL.

Rien n'est insignifiant en des cas pareils pour des magistrats!... Ah! ah! messieurs, plus tard nous aurons à examiner ceci. Pourrions-nous éloigner monsieur de Grandchamp?

VERNON.

Il est au presbytère; mais il n'y restera pas longtemps.

LE JUGE, *au Médecin.*

Voyez, monsieur?... (*Les deux médecins causent au chevet du lit.*)

RAMEL, *au Juge.*

Si le Général revient, nous agirons avec lui selon les circonstances. (*Marguerite pleure agenouillée au lit; les deux médecins, le juge et Ramel se groupent sur le devant du théâtre.*)

RAMEL, *au Médecin.*

Ainsi, messieurs, votre avis est que la maladie de mademoiselle de Grandchamp, que nous avons vue avant-hier au soir pleine de santé, de bonheur même, est l'effet d'un crime?

LE MÉDECIN.

Les symptômes d'empoisonnement sont de la dernière évidence.

RAMEL.

Et le reste de poison que contient cette tasse est-il assez visible, assez considérable pour fournir une preuve légale?...

LE MÉDECIN.

Oui, monsieur.

LE JUGE, *à Vernon.*

La femme que voici, prétend, monsieur, qu'hier, à quatre heures, vous avez ordonné à mademoiselle de Grandchamp une infusion de feuilles d'oranger pour calmer une irritation survenue après une explication entre la belle-fille et sa belle-mère; elle ajoute que madame de Grandchamp qui vous aurait aussitôt envoyé à quatre lieues d'ici sous un vain prétexte, a insisté pour tout préparer et tout donner à sa belle-fille; est-ce vrai?

VERNON.

Oui, monsieur!

MARGUERITE.

Mon insistance à vouloir soigner mademoiselle a été l'occasion d'un reproche de la part de mon pauvre maître. (*Les magistrats confèrent.*)

RAMEL, *à Vernon.*

Où madame de Grandchamp vous a-t-elle envoyé?

VERNON

Tout est fatal, messieurs, dans cette affaire mystérieuse. Madame de Grandchamps a si bien voulu m'éloigner, que l'ouvrier chez qui l'on m'envoyait à trois lieues d'ici, comme dangereusement malade, était au cabaret. J'ai grondé Champagne d'avoir trompé mademoiselle de Grandchamp, et Champagne m'a dit qu'effectivement l'ouvrier n'était pas venu, mais qu'il ne savait rien de cette prétendue maladie.

FÉLIX.

Messieurs, le clergé se présente.

RAMEL.

Nous pouvons emporter les deux pièces à conviction dans le salon, et nous y transporter pour dresser le procès-verbal.

VERNON.

Par ici, messieurs! par ici! (*Ils sortent. La scène change.*)

SCENE VI.

Le salon.

RAMEL, LE JUGE, LE GREFFIER, VERNON.

RAMEL.

Ainsi, voilà qui demeure établi. Comme le prétendent Félix et Marguerite, hier madame de Grandchamp a d'abord administré à sa belle-fille une dose d'opium; et vous, monsieur Vernon, vous étant aperçu de cette manœuvre criminelle, vous auriez pris et serré la tasse.

VERNON.

C'est vrai, messieurs, mais...

RAMEL.

Comment, monsieur Vernon, vous qui avez été témoin de cette coupable entreprise, n'avez-vous pas arrêté madame de Grandchamp dans la voie funeste où elle s'engageait?

VERNON.

Croyez, monsieur, que tout ce que la prudence exige, que tout ce qu'une vieille expérience peut suggérer a été tenté de ma part.

LE JUGE.

Votre conduite, monsieur, est singulière, et vous aurez à l'expliquer. Vous avez fait votre devoir hier en conservant cette preuve; mais pourquoi vous êtes vous arrêté dans cette voie?...

RAMEL.

Permettez, monsieur Cordier : monsieur est un vieillard sincère et loyal! (*Il prend Vernon à part.*) Vous avez dû pénétrer la cause de ce crime?

VERNON.

C'est la rivalité de deux femmes poussées au dernières extrémités par des passions impitoyables... et je dois me taire.

RAMEL.

Je sais tout.

VERNON.

Vous! monsieur !

RAMEL.

Et, comme vous, sans doute, j'ai tout fait pour prévenir cette catastrophe; car Ferdinand devait partir cette nuit. J'ai connu mademoiselle Gertrude de Meilhac autrefois chez mon ami.

VERNON.

Oh! monsieur, soyez clément? ayez pitié d'un vieux soldat criblé de blessures et plein d'illusions... il va perdre sa fille et sa femme... qu'il ne perde pas son honneur.

RAMEL.

Nous nous comprenons! Tant que Gertrude ne fera pas d'aveux qui nous forcent à ouvrir les yeux, je tâcherai de démontrer au juge d'instruction, et il est bien fin, bien intègre, il a dix ans de pratique; eh bien, je lui ferai croire que la cupidité seule a guidé la main de madame de Grandchamp! Aidez-moi. (*Le juge s'approche, Ramel fait un signe à Vernon et prend un air sévère.*) Pourquoi madame de Granchamp aurait-elle endormi sa belle-fille? Allons, vous devez le savoir, vous l'ami de la maison.

VERNON.

Pauline devait me confier ses secrets, sa belle-mère a deviné que j'allais savoir des choses qu'elle avait intérêt à tenir cachées; et voilà, monsieur, pourquoi, sans doute, elle m'a fait partir pour aller soigner un ouvrier bien portant, et non pour éloigner les secours à donner à Pauline, car Louviers n'est pas si loin...

LE JUGE.

Quelle préméditation!... (*A Ramel.*) Elle ne pourra pas s'en tirer si nous trouvons les preuves du crime dans le secrétaire.... Elle ne nous attend pas, elle sera foudroyée!... (*On entend dire des prières chez Pauline.*)

SCENE VII.

LES MÊMES, GERTRUDE, MARGUERITE.

GERTRUDE.

Des chants d'église!... Quoi! la justice encore ici?... Que se passe-t-il donc ?... (*Elle va sur la porte de la chambre de Pauline et recule épouvantée devant Marguerite.*) Ah!...

MARGUERITE.

On prie sur le corps de votre victime!

GERTRUDE.

Pauline! Pauline! morte!...

LE JUGE.

Et vous l'avez empoisonnée, madame!...

GERTRUDE.

Moi! moi! moi! Ah ça, suis-je éveillée?... (*A Ramel.*) Ah! quel bonheur pour moi! car vous savez tout, vous! Me croyez-vous capable d'un crime?... Comment, je suis donc accusée?... Moi, j'aurais attenté à ses jours... mais je suis femme d'un vieillard plein d'honneur, et j'ai un enfant... un enfant devant qui je ne voudrais pas rougir..,. Ah! la justice sera pour moi... Marguerite, que l'on ne sorte pas! Oh! messieurs!... Ah ça! que s'est-il donc passé depuis hier au soirque j'ai laissé Pauline un peu souffrante?...

LE JUGE.

Madame, recueillez-vous? Vous êtes en présence de la justice de votre pays!

GERTRUDE.

Ah! je me sens toute froide...

LE JUGE.

La justice, en France du moins, est la plus parfaite des justices criminelles: elle ne tend jamais de piéges, elle marche, elle agit, elle parle à visage découvert, car elle est forte de sa mission, qui est de chercher la vérité. Dans ce moment, vous n'êtes qu'inculpée, et vous devez ne voir en moi qu'un protecteur. Mais dites la vérité, quelle qu'elle soit? Le reste ne nous regarde plus...

GERTRUDE.

Eh! monsieur, menez-moi là, et devant Pauline je vous crierai ce que je vous crie : Je suis innocente de sa mort!...

LE JUGE.

Madame...

GERTRUDE.

Voyons, pas de ces longes phrases où vous enveloppez les gens. Je souffre des douleurs inouies! je pleure Pauline comme si c'était ma fille, et... je lui pardonne tout ! Que voulez vous? Allez, je répondrai.

RAMEL.

Que lui pardonnez-vous...

GERTRUDE.

Mais, je...

RAMEL *bas.*

De la prudence !

GERTRUDE.

Ah ! vous avez raison. Partout des précipices !

LE JUGE, *au greffier.*

Vous écrirez plus tard les noms et prénoms, prenez les notes pour le procès-verbal de cet interrogatoire, (*A Gertrude.*) Avez-vous hier administré, vers midi, de l'opium dans du thé à mademoiselle de Grandchamp ?

GERTRUDE.

Ah ! docteur... Vous !..

RAMEL.

N'accusez pas le docteur, il s'est déjà trop compromis pour vous ! répondez au juge !

GERTRUDE.

Eh bien, c'est vrai !

LE JUGE, *Il présente la tasse.*

Reconnaissez-vous ceci ?

GERTRUDE.

Oui, monsieur. Après ?

LE JUGE.

Madame a reconnu la tasse, et avoue y avoir mis de l'opium; Cela suffit quand à présent, sur cette phase de l'instruction.

GERTRUDE.

Mais vous m'accusez donc?... et de quoi?

LE JUGE.

Madame, si vous ne vous disculpez pas du dernier fait, vous pourrez être prévenue du crime d'empoisonnement. Nous allons chercher les preuves de votre innocence ou de votre culpabilité.

GERTRUDE.

Où ?

LE JUGE.

Chez vous! Hier vous avez fait boire à mademoiselle de Grandchamp une infusion de feuilles d'orauger dans cette seconde tasse qui contient de l'arsenic.

GERTRUDE.

Oh ! est-ce possible !

LE JUGE.

Vous nous avez déclaré avant-hier que la clé de votre secrétaire, où vous serriez le paquet de cette substance, ne vous quittait jamais.

GERTRUDE.

Elle est dans la poche de ma robe... Oh! merci, monsieur!.. ce supplice va finir.

LE JUGE.

Vous n'avez donc fait encore aucun usage de...

GERTRUDE.

Non, vous allez trouver le paquet cacheté.

RAMEL.

Ah! madame, je le souhaite.

LE JUGE.

J'en doute, c'est une de ces audacieuses criminelles..

GERTRUDE.

La chambre est en désordre, permettez...

LE JUGE.

Oh! non, non, nous entrerons tous trois.

RAMEL.

Il s'agit de votre innocence.

GERTRUDE.

Oh! entrons, messieurs!

SCENE VIII.

VERNON, *seul.*

Mon pauvre général! agenouillé près du lit de sa fille, il pleure! il prie!... Hélas! Dieu seul peut la lui rendre.

SCENE IX.

LES MÊMES, RAMEL, LE JUGE, GERTRUDE.

GERTRUDE.

Je doute de moi, je rêve... je suis...

RAMEL.

Vous êtes perdue, madame.

GERTRUDE.

Oui, monsieur!... mais par qui?

LE JUGE, *au Greffier.*

Ecrivez que madame de Grandchamp nous ayant ouvert elle-même le secrétaire de sa chambre à coucher, et nous ayant elle-même présenté le paquet cacheté par le sieur Baudrillon, ce paquet, intact avant-hier, s'est trouvé décacheté... et qu'il y a été pris une dose plus que suffisante pour donner la mort.

GERTRUDE.

La mort!... moi?

LE JUGE.

Madame, ce n'est pas sans raisons que j'ai saisi dans votre secrétaire ce papier déchiré. Nous avons saisi chez mademoiselle de Grandchamp ce fragment qui s'y adapte parfaitement, et qui prouve qu'arrivée à votre secrétaire, vous avez, dans le trouble où le crime jette tous les criminels, pris ce papier pour envelopper la dose que vous deviez mêler à l'infusion.

GERTRUDE.

Vous avez dit que vous étiez mon protecteur! eh bien! cela, voyez-vous...

LE JUGE.

Attendez, madame, devant de telles présomptions, je suis obligé de convertir le mandat d'amener, décerné contre vous, en un mandat de dépôt. (*Il signe.*) Maintenant, madame, vous êtes en état d'arrestation.

GERTRUDE.

Eh bien! tout ce que vous voudrez!... Mais votre mission, avez-vous dit, est de chercher la vérité... cherchons-là... oh! cherchons-là.

LE JUGE.

Oui, madame.

GERTRUDE, *à Ramel, en pleurant.*

Oh! monsieur! monsieur!...

RAMEL.

Avez vous quelque chose à dire pour votre défense qui puisse nous faire revenir sur cette terrible mesure?

GERTRUDE.

Messieurs, je suis innocente du crime d'empoisonnement, et tout est contre moi! Je vous en supplie, au lieu de me torturer, aidez-moi?...Tenez, on doit m'avoir pris ma clef, voyez-vous? On doit être venu dans ma chambre... Ah! je comprends... (*A Ramel.*) Pauline aimait comme j'aime : elle s'est empoisonnée.

RAMEL.

Pour votre honneur, ne dites pas cela sans des preuves convaincantes, autrement...

LE JUGE.

Madame, est-il vrai qu'hier, sachant que le docteur Vernon devait dîner chez vous, vous l'avez envoyé...

GERTRUDE.

Oh! vous, vos questions sont autant de coups de poignard pour mon cœur! Et vous allez, vous allez toujours.

LE JUGE.

L'avez-vous envoyé soigner un ouvrier au Pré-l'Évêque?

GERTRUDE.

Oui, monsieur.

LE JUGE.

Cet ouvrier, madame, était au cabaret et très-bien portant.

GERTRUDE.

Champagne avait dit qu'il était malade.

LE JUGE.

Champagne, que nous avons interrogé, dément cette assertion, et n'a point parlé de maladie. Vous vouliez écarter les secours.

GERTRUDE, *à part.*

Oh! Pauline! c'est elle qui m'a fait renvoyer Vernon! Oh Pauline! tu m'entraînes avec toi dans la tombe, et j'y descendrais criminelle! Oh non! non! non! (*A Ramel.*) Monsieur, je n'ai plus qu'une ressource.. (*A Vernon.*) Pauline existe-t-elle encore?

VERNON, *désignant le Général.*

Voici ma réponse!

SCENE X.

LES MÊMES, LE GÉNÉRAL

LE GÉNÉRAL, *à Vernon.*

Elle se meurt, mon ami! Si je la perds je n'y survivrai pas.

VERNON.

Mon ami!

LE GÉNÉRAL.

Il me semble qu'il y a bien du monde ici... Que fait-on? Sauvez-là! Où donc est Gertrude? (*On le fait asseoir au fond à gauche.*)

GERTRUDE, *se traînant aux pieds du Général.*

Mon ami!... Pauvre père!... Ah! je voudrais que l'on me tuât à l'instant, sans procès... (*Elle se lève.*) Non, Pauline m'a enveloppée dans son suaire, et je sens ses doigs glacés autour de mon cou... Oh! j'étais résignée! j'allais, oui, j'allais ensevelir avec moi le secret de ce drame domestique, épouvantable, et que toutes les femmes devraient connaître! mais je suis lasse de cette lutte avec un cadavre qui m'étreint, qui me communique la mort! Eh bien! mon innocence sortira victorieuse de ces aveux aux dépens de l'honneur; mais je ne serai pas du moins une lâche et vile empoisonneuse. Ah! je vais tout dire.

LE GÉNÉRAL, *se levant et s'avançant.*

Ah! vous allez donc dire à la justice ce que vous me taisez si obstinément depuis deux jours... Oh! lâche et ingrate créature... Mensonge caressant... vous m'avez tué ma fille, qu'allez-vous me tuer encore?

GERTRUDE.

Faut-il se taire?... Faut-il parler?

RAMEL.

Général, de grâce, retirez-vous? la loi le veut.

LE GÉNÉRAL.

La loi!... vous êtes la justice des hommes; moi, je suis la justice de Dieu, je suis plus que vous tous! je suis l'accusateur, le tribunal, l'arrêt et l'exécuteur... Allons, parlez, madame.

GERTRUDE, *aux genoux du Général.*

Pardon, monsieur... Oui, je suis...

RAMEL, *à part.*

Oh! la malheureuse!

GERTRUDE, *à part.*

Oh! non! non!... pour son honneur, qu'il ignore toujours la vérité! (*Haut.*) Coupable pour tout le monde, à vous, je vous dirai jusqu'à mon dernier soupir, que je suis innocente, et que quelque jour, la vérité sortira de deux tombes, vérité cruelle, et qui vous prouvera que vous aussi, vous n'êtes pas exempt de reproches, que vous aussi, peut-être, à cause de vos haines aveugles, vous êtes coupable.

LE GÉNÉRAL.

Moi! moi!... Oh! ma tête se perd... vous osez m'accuser..... (*Apercevant Pauline.*) Ah!... ah!... mon Dieu!

SCENE XI.

LES PRÉCÉDENTS, PAULINE, *appuyée sur Ferdinand.*

PAULINE.

On m'a tout dit! Cette femme est innocente du crime dont elle est accusée. La religion m'a fait comprendre qu'on ne peut pas trouver le pardon là-haut, en ne le laissant pas ici-bas. J'ai pris à madame la clef de son secrétaire, je suis allée chercher moi-même le poison, j'ai déchiré moi-même cette feuille de papier pour l'envelopper, car j'ai voulu mourir.

GERTRUDE.

Oh Pauline! prends ma vie, prends tout ce que j'aime... Oh! docteur, sauvez-la!

LE JUGE.

Mademoiselle, est-ce la vérité?

PAULINE.

La vérité?... les mourants la disent...

LE JUGE.

Nous ne saurons décidément rien de cette affaire là.

PAULINE, *à Gertrude.*

Savez-vous pourquoi je viens vous retirer de l'abîme où vous êtes? c'est que Ferdinand vient de me dire un mot qui m'a fait sortir de mon cercueil. Il a tellement horreur d'être avec vous dans la vie, qu'il me suit, moi, dans la tombe, où nous reposerons ensemble, mariés par la mort.

GERTRUDE.

Ferdinand !... Ah mon Dieu ! à quel prix suis-je sauvée ?

LE GÉNÉRAL.

Mais malheureuse enfant, pourquoi meurs-tu ? ne suis-je pas, ai-je cessé un seul instant d'être un bon père ? On dit que c'est moi qui suis coupable...

FELDINAND.

Oui, général. Et c'est moi seul qui peux vous donner le mot de cette fatale énigme, et qui vous expliquerai comment vous êtes coupable.

LE GÉNÉRAL.

Vous, Ferdinand, vous à qui j'offrais ma fille, et qui l'aimiez...

FERDINAND.

Je m'appelle Ferdinand, comte de Marcandal, fils du général Marcandal... Comprenez-vous ?

LE GÉNÉRAL.

Ah ! fils de traître, tu ne pouvais apporter sous mon toit que mort et trahison !... Défends-toi !

FERDINAND.

Vous battrez-vous, général, contre un mort ? (*Il tombe.*)

GERTRUDE *s'élance vers Ferdinand en jetant un cri.*

Oh ! (*Elle recule devant le Général, qui s'avance vers sa fille, puis elle tire un flacon qu'elle jette aussitôt.*) Oh ! non, je me condamne à vivre pour ce pauvre vieillard ! (*Le Général s'agenouille près de sa fille morte.*) Docteur, que fait-il ?.... perdrait-il la raison ?...

LE GÉNÉRAL, *bégayant comme un homme qui ne peut trouver les mots.*

Je..... je..... je.....

LE DOCTEUR.

Général, que faites vous ?

LE GÉNÉRAL.

Je... je cherche à dire des prières pour ma fille !... (*Le rideau tombe.*)

FIN.

Imprimerie Dondey-Dupré, rue Saint-Louis, 46, au Marais.

www.ingramcontent.com/pod-product-compliance
Ingram Content Group UK Ltd.
Pitfield, Milton Keynes, MK11 3LW, UK
UKHW022045170726
13837UKWH00002B/795

9 782329 436012